企 業 と 税
—法人税法と会計—

孔 炳龍 ［著］

創 成 社

まえがき

　本書は，法人税法と会計の専門書として，その基礎を学習された方を対象に，法人税法と会計の計算的な内容も含めて平易に解説し，確実に体系的理解ができるように工夫して執筆したものである。

　法人税法と会計の仕組みを理解するにあたって，法人税法の知識の修得が必要と思われるが，本書で提示する計算例を着実に理解し，学ぶことにより，法人税法と会計の体系的理解が進むと思われる。

　また，本書では，法人税法の理論的原理と計算例を平易にわかりやすく説明し，読者が法人税法を理解できるように工夫している。

　税務会計は一般に，金融商品取引法会計と会社法会計に並ぶ制度会計の1つとして位置づけられトライアングル体制を築いているといわれる。税務会計を財務会計の中の制度会計の1つとみる見方が多いと思われるが，会社法会計や金融商品取引法会計とは明らかにその目的が異なることから，本書では，特異な存在として位置づけている。

　本書により，読者諸兄が法人税法と会計に関心をもち，その体系的理解と実力養成に役立てれば，筆者の望外の喜びである。

　本書を執筆するにあたって，日頃より，妻，呂寅和，そして，娘，孔愛利，そして娘婿の浅賀敏樹さんに心より感謝したい。

　令和6年1月

孔　炳龍

【略語例】

法	法人税法
法令	法人税法施行令
規	法人税法施行規則
基通	法人税基本通達
耐用年数省令	減価償却資産の耐用年数等に関する省令
耐通	耐用年数の適用等に関する取扱通達
措法	租税特別措置法
措令	租税特別措置法施行令
措規	租税特別措置法施行規則
措通	租税特別措置法関係通達
通法	国税通則法
通令	国税通則法施行令
所法	所得税法
地法	地方税法
地令	地方税法施行令
消去	消費税法
消令	消費税法施行令
民	民法
商	商法
会	会社法
計規	会社計算規則
会計原則	企業会計原則
財規	財務諸表等規則
財規ガイドライン	財務諸表等規則ガイドライン

目　次

第1章 税の概念と税務会計

1-1. 財務会計と財務会計論

　税務会計は,一般的には財務会計の一分野と考えられている。そこで,本書では先ず,財務会計と財務会計論について説明を試みよう。

　財務会計は,法規範や慣習規範だけでなく各企業が自主的に定めている会計処理・報告の行動様式(以下ではこれらをルールと呼ぶ)にもとづいておこなわれる会計であると思われる。かような財務会計は二つの領域に分けられる。一つは,制度会計と呼ばれ,法規範および慣習規範が制度といわれることからそれにもとづく会計を意味する。他の一つは,非制度会計と呼ばれ,制度以外の会計を意味する。財務会計論は財務会計を研究対象とする学問であり,本書で考察する税務会計論は,一般には制度会計を意味する。財務会計とは,社会的行動の一つであり,それは,一定の目的(たとえば,情報利用者による企業成果の予測と企業価値の評価を可能にするために情報利用者に情報を提供することである,情報利用者の投資意思決定目的)のためにルールに従って企業の経済活動を認識し,測定し,その結果を伝達する行動である[1]。

　かように一定の目的を前提とするならば,財務会計は,次のように示すことができる。

$$y = g\ (f(x))\ \tag{1}$$

　x は,それ自らの意思により独立に変化させることのできる企業の経済活動であり,関数では独立変数を意味する。この (1) 式で,$f(\ )$ と $g(\ )$ は x を y に変換するための関数型であり[2],x の値を y の値に変換する形式である。したがって,この式の y は従属変数である。なお,$f(\ )$ は変換(認識・測定)のルールであり,$g(\ )$ は伝達ルールである。$g(\ )$ が $f(\ )$ を包んでいるのは,伝達のルールが測定のルールを規制していることを意味している[3]。

　かような関数で表わされる会計の代表は，意思決定有用性アプローチである。意思決定有用性アプローチは，従来の作成者指向型アプローチに対して，情報利用者指向型アプローチであり，情報利用者の情報要求（伝達目的）が情報作成（認識・測定目的）を規定するアプローチであるといえる。

　かようなアプローチは，次のようなプロセスで設定されている。

①情報利用者の情報要求を認識する。
②この情報要求を財務会計における伝達目的として設定する。
③この伝達目的を達成するために有用な認識・測定を設定する。

　y は，企業活動は会計ルールに従って変換した結果であり，損益計算書，貸借対照表，そしてキャッシュ・フロー計算書等の財務諸表の形をとる。かくして，財務会計は，次の2つなどを研究対象としている[4]。

①変換・伝達行動が働きかける対象は何か
　（企業成果予測と企業価値予測に資する会計情報に変換するために認識・測定するデータはどのようなものか。企業活動のどのような側面を認識・測定するのか）
②認識・測定・伝達に際して用いる方法にはどのようなものがあるか
　（これが具体的な会計ルール群を構成している）

　井上良二によると，従来の財務会計論の研究は，主として②の問題を会計ルール群の研究として研究対象としてきた。

　企業の経営者（会計人）は，企業活動（会計事実としてのデータ x）を財務会計上の認識・測定・伝達の会計ルール群により財務会計の計算体系（会計人の認識・測定・伝達行動）をもとに会計情報（y）を利害関係者に伝達すると考えられる。ただし，利害関係者からの企業活動へのフィードバックから，利害関係者の行動によりデータとなる企業活動を企業が変更することがある。また，利害関係者の行動が会計ルール群そのものを変えたり，適用すべき会計ルールを変更したりすることがある。かような変更を情報インダクタンスという。

1-2.　計算体系の類型化

　本書は，井上良二の財務会計の計算体系の類型化を前提として，以下，企業
と税について論じていく。日本では，損益法と財産法が利益計算方法としてよ
く用いられている。損益法は，収益から費用を差引いて利益を求め，財産法は，
期中の資本の増減や配当支払等の取引を度外視するならば，利益を，期末純資
産から期首純資産を控除することで求める。

　損益法と財産法は単なる損益計算方法に過ぎないことから，損益法と財産法
という2つの利益の計算方法の結合関係だけでは，財務会計を類型化できない[5]。

　財務会計の計算体系は，財務報告目的により計算構造が特定されてはじめて
類型化が可能になるのである。

図表 1－1　井上良二による財務会計の4つの類型

第一類型：財産法⊆損益法，故に損益法利益＝財産法利益
　　　　　財産法の利益は損益法の利益に一致する
　　財務報告目的：損益計算と利益調整
　　計算体系：取得原価主義会計‥‥‥企業会計審議会，ASBJ
第二類型：損益法部分⊂財産法，故に財産法利益≠損益法利益
　　　　　損益法の利益＋その他の包括利益＝財産法の利益
　　財務報告目的：企業価値予測（資源の効率的利用の評価に関わる一部の資産
　　　　　　　　　等の時価評価と取得原価測定）
　　計算体系：時価会計（公正価値会計）の（1）FASB & Exposure Draft及び
　　　　　　　Con8，IASB
第三類型：損益法⊆財産法，故に財産法利益＝損益法利益
　　　　　損益法の利益は財産法の利益に一致する
　　財務報告目的：企業価値予測（資源の効率的利用の評価に関わる多くの資産
　　等の時価評価，財務業績情報に関して第二類型と異なる。）
　　計算体系：時価会計（公正価値会計）の（2）ASB（UK）
第四類型：損益法⊆かつ⊇財産法，故に財産法利益＝損益法利益
　　財務報告目的：実体資本維持
　　計算体系：時価主義会計

出所：井上他（2014，p.7）一部削除。

　図表1-1に示しているように，第一類型では，「財産法は損益法の部分集合であるから，損益法に矛盾しないかぎりで存在する。したがって，形態的には，損益法による利益額と財産法による利益額は一致する関係とされている。より，正確には，財産法の損益計算は貸借対照表において独立の計算をするが，その結果は損益法の利益額と必ず一致するように仕組まれている[6]」。

　井上良二によると，公正価値会計としての時価会計は第二類型と第三類型があてはまる。第二類型は，FASBにおける財務会計であり，損益法が財産法の真部分集合であり，損益法と財産法がイコールでなく，損益法の利益＋その他の包括利益＝財産法の利益の関係になっている。そして，財務報告目的は企業価値予測である。

　井上良二によると「第二類型は，損益法は財産法の真部分集合であるから，財産法で計算される利益（包括利益）の一部の計算（純損益の計算）をする方法であり，財産法の利益と一致するためには，その他の要素（その他の包括利益）を加算する必要のある計算構造である。注意しなければならないことはその他の要素は利益を構成する要素であって，わが国の現時点での評価・換算差額等のように純資産直入項目ではないものということである。この計算体系では損益法による独自の計算も重要な意味を持つから，その他の包括利益のうちで実現したものを純利益の計算に戻入れ計算する。これをFASBはリサイクリング（recycling）あるいは再分類調整（reclassification adjustment）と呼んでいる。この計算構造では，純利益（または稼得利益）計算の重要性を否定しないが，最終的な利益を包括利益とすることに注意すべきである。FASBによれば，包括利益（comprehensive income）とは，『取引及びその他の事象による企業への影響を示す広範な測定値であり，その測定値は所有主から投資及び所有主への分配から生ずるものを除き取引及び事象並びに環境から当該期間中に生じた企業の持分（純資産）のすべての認識された変化によって構成されている』。そして，稼得利益（earnings）とは『その期間中に実質的に完了した（あるいは実現した）現金から始まり現金で終わる一循環と結びついた資産流入額が直接的であれ間接的であれ同一の循環と結びついた資産の流出額を超える（あるいは少ない）程度と基本的に関連する当該期間の業績尺度である』。現金から始ま

り現金に終わる一循環は投資とその回収を意味するものであり，投資の実質的
な終了あるいは現実的な終了，すなわち『実現』を意味するものと解される。
したがって，稼得利益は包括利益のうち『実質的にあるいは現実に実現した』
利益の部分を示すものであるといえる。また，そこでの資産の流入額は収益と
結びつき，流出額は費用と結びつくものと考えられる。そうであれば，稼得利
益の計算に際して想定されているものはわが国でいう損益法により計算される
利益であると解すのが妥当であろう。それに対して，包括利益は，純資産の期
末と期首の比較が想定されていると考え，られる。よって，そこではわが国で
いう財産法による利益計算が想定されているといわざるを得ない。ここに第二
類型の特徴がある[7]」。

　井上良二による公正価値会計としての時価会計には，第二類型のほかに第三
類型がある。かような第三類型は，ASBや旧IASBの財務会計であり，従来の
国際会計の計算体系として考えられるものである。

　ここでは，損益法は財産法の部分集合で財産法と損益法がイコールの関係で
あり，損益法の利益は財産法の利益に一致する。財務報告目的は，第二類型と
同じで企業価値予測である。

　井上良二によると「第三類型では損益法は財産法の部分集合であるから，財
産法と矛盾しないかぎりでその存在が認められる。真部分集合ではないので，
損益法によって計算される利益は財産法によって計算される利益と一致する。
そして，損益法がその財産法の範囲内でのみその存在が認められるに過ぎない
のである。・・・(中略)・・・第三類型では，企業価値の予測にとって有用な将
来キャッシュ・フロー予測を可能にする情報の提供が目的とされる。したがって，
将来キャッシュ獲得能力の表現あるいは将来キャッシュ支払義務の表現が重要
である。そこでの獲得能力は資産，支払義務は負債である。よって，この目的
の下では資産・負債アプローチがとられる。したがって，損益計算からの情報は，
インカム・ゲイン情報としての意味が全くないということはないが，主として，
資源の効率的な利用の評価という意味での業績評価によって将来キャッシュ・
フロー予測に役立つことという点で意味を与えられることになる。・・・(後略)[8]」。

現在，第三類型は，第二類型に向かっており，公正価値会計としての時価会計は第二類型にコンバージェンスしていると考えられる[9]。すなわち，第三類型であるIASB型は，財産法が損益法を部分集合としているが，井上良二が述べているようにFASBの第二類型へとシフトしたように考えられる。それは，井上良二によると，「IAS1号による限り，FASB型の第二類型，したがって，損益法は財産法の真部分集合であり，利益計算においては損益法の利益（純利益あるいは稼得利益）と財産法の利益（包括利益）とは一致しない。財産法の利益は損益法の利益（稼得利益あるいは純利益）にその他の包括利益と呼ばれるものを加算した包括利益となる[10]」からである。

一方，連結財務諸表でのみ包括利益を開示している日本の財務会計は，井上良二によれば第一類型に属しており，財務報告目的は，損益計算と利害調整であり，取得原価主義会計のままであり，筆者は，かような日本の財務会計を取得原価主義会計の延長上にある計算体系としての時価会計と考えている。

第二類型へのシフトについて，井上良二は，次のように述べている。「・・・（前略）・・・その場合，損益法の利益は財産法の真部分集合であるから，・・・（中略）・・・財産法の利益計算に矛盾しないことが前提となる。損益法の利益は収益−費用として計算されるから，収益および費用が財産法の考え方に矛盾してはならないことになる[11]」。この点について，日本の財務会計は，現段階では，まだ，収益と費用が財産法の考え方に矛盾しているところが散見されること，および単体での個別財務諸表で包括利益を開示していないことから[12]，第三類型のように第二類型へシフトしたといえないのであろう。しかるに，現在で導入されている日本における新しい収益認識基準は，財産法の考え方を主とする資産負債アプローチであることから，日本の財務会計が第二類型へシフトする上で大きな変更といえるかもしれない。

さて，取得原価主義会計と公正価値会計としての時価会計の大きな相違点は何であろうか。筆者は，井上良二と同様に考えている。すなわち，取得原価主義会計では，資産はキャッシュ・アウトフローで考え，負債はキャッシュ・インフローでみる，そして純資産もキャッシュ・インフローでみる一方，公正価値会計としての時価会計は，資産は将来キャッシュ・インフローでとらえ，負

債は将来キャッシュ・アウトフローでみて，純資産を将来純キャッシュ・イン
フローでみることである。

　かようなみかたの相違は，事業投資目的資産であれば，財貨動態に着目する
のかそれとも貨幣動態に着目するかの違いとして表われる。公正価値会計とし
ての時価会計の理念型は，財貨動態に着目し，取得原価主義会計の理念型では，
貨幣動態に着目することになる。かような相違は，評価損や減損損失の戻入な
どの相違として明確に表われると考えられる。

　最後に，第四類型は損益法と財産法とが対等であるところに特徴がある。「そ
れは同じ計算構造であるが，財務報告目的の相違によって異なる情報が産出さ
れるということを表している[13]」。

　この第四類型では，期末時点での企業の生産能力のような財政状態と当該期
間の活動業績を表す損益計算に係る情報とが並列的に意味を有している。

1-3.　税務会計の計算体系

　財務会計と税務会計は似て非なるものである。しかしながら，専門外の人か
らは，両者の相違点が明確にはわからない。ここでは，主にその報告目的に着
目し，計算体系の相違を明らかにしていきたいと思う。かような報告目的で計
算体系を分類することは，一般意味論と関わりが深いと思われる。また，ここ
では，財務会計の中で報告目的から類型を提唱している井上良二のアプローチ
を，税務会計へとさらに範囲を広げた試みと考えることもできる。

　財務会計は，その財務報告目的によって，井上良二の見解では，先述のよう
に4つの類型に分類することができる。しかしながら，ここでは，その中から，
日本の財務会計の類型である第一類型を財務会計の類型の例として取り上げる
ことにしたい。

　かようなことから，ここで主に考察するのは，日本における財務会計と税務
会計の相違点となることになる。

（1）税務会計と税法

　課税所得論は，法人税法等の税法にもとづく課税所得および税額の算定と申

告について，理論的かつ実践的な学習をおこなう分野であり，通常，税務会計という場合，かような分野を指し，また，税法にもとづく会計という点では「税法会計」と呼ぶこともできる[14]。

　企業の経営者は，納税申告書により税務官庁に対して報告をおこない，その報告内容に付き責任を有する[15]。かような報告を通じて税務会計では利害調整機能がはたされていると考えられる。

　ここでは，日本における税務会計の類型化を試みようと思うのであるが，類型化にはその報告目的が重要な要因を占めることになる。そこで，税務会計の目的を考察することにしようと思うのであるが，前述のように，税務会計は「税法会計」とよばれるように，税法における目的が大きく影響すると思われる。ゆえに，税務会計の目的は基本的には，税法の目的にもとづくものと考えられる。したがって税法における目的を次にみていくことにしたい。

　石黒によると，「わが国の税制の理念的基準である『公平・中立・簡素』という租税3原則は，租税法の体系を通じて実現される（租税法律主義）。法の基本的課題が『正義』の実現であるとするならば，ここに『租税原則 ⇒ 租税法 ⇒ 租税正義』という法を媒介として税制と正義観念を結びつけるひとつの価値体系をみることができる[16]」とし，「租税3原則のうち，『公平』が最も重要な要請であり，独立した租税法原則として認識されるが（租税公平主義），『中立』や『簡素』の要請は公平なる税制の実現段階での制約条件であると考えるならば，それらは法理的にも副次的な意味しかもちえない[17]」と述べている。

　かように，税法では，その基本的な目的を「公平性」においていることが石黒の指摘からうかがわれる。

　また，図表1-2は，伝統的な租税原則を表わしている。この図表1-2からわかるように，Adam Smithは，租税原則として，公平の原則，明確の原則，便宜の原則そして最小徴税費の原則の4つの原則をあげている[18]。

　Adam Smithは，次のように述べている。「・・・どの税も，最終的には，それらのちがった種類の源泉のどれかから，または無差別にそのすべてから，支払われるにちがいない。私はまず第一に，地代にかかることを意図している税，第二に，利潤にかかることを意図している税，第三に，賃金にかかること

を意図している税について,・・・できるかぎり最善の説明をしようとつとめるだろう[19]。」そして,公平の原則について,次のように述べている。「1,すべての国の臣民は,できるだけ各人の能力に比例して,すなわち,各人がそれぞれその国家の保護のもとで享受する収入に比例して,政府を支えるために拠出すべきである。・・・(中略)・・・いわゆる課税の公平または不公平は,この原則を守るか無視するかにかかっている。・・・(後略)・・・[20]」。

図表1−2　Adam Smithの租税原則[21]

			内容
アダム・スミスの4原則	1	公平の原則	税負担は各人の能力に比例すべきこと。いいかえれば,国家の保護のもとに享受する利益に比例すべきこと。
	2	明確の原則	租税は,恣意的であってはならないこと。支払時期・方法・金額が明確で平易なものであること。
	3	便宜の原則	租税は,納税者が支払うのに最も便宜なる時期と方法によって徴収されるべきこと。
	4	最小徴税費の原則	国庫に帰する総収入額と人民の給付する額との差はなるべく少なくすること。

出所：Adam Smith（2001，pp.132-137）をもとに筆者が作成

　Adam Smithの租税原則にあるように,また,石黒が指摘しているように,多くの原則がある中で,公平性の原則は,税法,ひいては税務会計の報告目的として重要な原則であることがこれらのことから推定できる。

（2）税務会計の類型
　日本における財務会計の計算体系は,井上良二が考察している第一類型であることをここでは踏襲することにする。

　それでは，日本における税務会計の計算体系はどのように捉えたらよいであろうか。ここで，財務会計と税務会計との決定的な相違点を指摘することにする。それは，財務会計では，当期純利益のような「利益」を計算するのに対して，税務会計では，「課税所得」を計算する点に大きな相違点があるということである。

　利益と課税所得との関係を明らかにするにあたって次の図表1-3の内容は有益と思われる。かように，利益と課税所得とでは，その構成要素が異なり，第一類型の中の財産法と損益法の関係とは異なる。しかしながら，昨今では，税効果会計の基準が制定されたことにより，一時差異については法人税等調整額で調整され，両者の相違点は，一部ではあるが，解消されてきている。

　利益と課税所得との相違点としては，収益と益金の相違，そして費用と損金の違いなどがあげられるが，それは，図表1-3に示されているように，①益金算入②益金不算入③損金算入④損金不算入の四つに集約される。

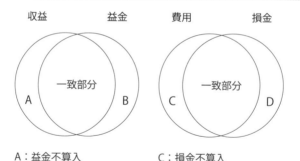

図表1-3　利益と課税所得

A：益金不算入　　　　　C：損金不算入
B：益金算入　　　　　　D：損金算入
出所：内容をもとに筆者が作成

　かように，日本における税務会計は，財務会計とはそこに含まれる内容が異なる。これは，税務会計だけでなく，井上良二が考察している財務会計の四つの類型においても，それぞれの類型に含まれる内容は特異な場合を除いて異なるものになると考えられる。

　なぜ内容が異なるようになるのかは，その報告目的が異なるからであると考えることができる。日本の財務会計と税務会計とで，その報告目的に利害調整が含まれることは，容易に想定することができる。しかしながら，適正な損益計算をおこなうための財務会計が，費用と収益の対応に重点をおく一方，前述のように，税務会計ではその目的に「公平性」をより重要視していることになる。

　日本の財務会計と税務会計の計算体系を類型化した場合，次の図表1-4のようになるであろう。

　確定決算主義がとられている日本の場合，税務会計の前提に財務会計としての記帳がなされていることは自明であることから，損益法と財産法の関係も井上良二が提唱する第一類型と同様に，損益法の部分集合として財産法を想定しても良いかもしれない。しかしながら，税務会計は，制度会計の一つであるが，金融商品取引法会計や会社法会計とは，明らかに異なっている。そのとりわけ重要になるのが財務報告の相違なのである。

図表1-4　日本の財務会計と税務会計の類型

第一類型：財務会計
　　　　　財務報告の目的：損益計算と利害調整：費用収益の対応
　　　　　計算体系：取得原価主義会計

第一類型′：税務会計
　　　　　税務報告の目的：益金及び損金計算と利害調整：公平性
　　　　　計算体系：取得原価主義会計

出所：井上（2014）をもとに筆者による作成

1-4.　税務会計の意義

　税務会計（Tax Accounting）とは，主として，企業が税務当局へ課税所得および税額を申告するための会計（Accounting for Tax Authorities）をいう。課税所得および税額の計算の規定は，法人税法等の税法に定められており，税務会計は税法計算規定にもとづいておこなわれる会計ということができる。

1-5. 税務会計と財務会計

　企業のおこなう会計は，企業の経営成績と財政状態に関する情報を扱うものである。企業は，有用な会計情報を，利害関係者（ステイクホルダー）である，株主，投資者，債権者，従業員，税務当局等に提供することにより，会計責任（会計報告責任，アカウンタビリティ）を果たすことになる。

　①財務会計（financial accounting）

　財務会計とは，株主，投資者，債権者に対する会計報告の分野をいう。財務会計は，税法のほかに，会社法と金融商品取引法に規制されており，財務会計が制度会計と制度以外の会計で構成されるとすると，制度会計には，会社法会計と金融商品取引法会計そして税務会計が属していると考えられている。財務会計には，かような法規制のほかに，企業会計原則，企業会計基準委員会（ASBJ）の企業会計基準等が，重要な役割を果たしている。

　②税務会計

　「会計における税務的側面（tax aspect of accounting）」の観点からは，その領域として，税務会計が存在している。税務会計においては，法人税等の税法規定に準拠して，税務当局に課税所得および税額の申告をおこなうことが，主要な目的とされる。

1-6. 税務会計の分野

　会計をおこなう主体は企業であり，経営者の責任と判断のもとに，会計者（会計担当者[accountant]）によって会計実践がなされる。

　会計の税務的側面に対する会計者の主な関心としては次の2つがあげられる。①課税所得と税額はいくらか（課税所得論）②最有利な課税負担をもたらす税務計画はどのようなものか（税務計画論）。

　①課税所得論

　課税所得論は，法人税法等の税法にもとづく課税所得および税額の算定と申告（報告）について，理論的かつ実践的な学習をおこなう分野であり，通常，

税務会計という場合，この分野をいう。税務会計は税法会計とも呼ばれるのであるが，企業の経営者（および会計者）は，納税申告書により税務官庁に対して報告をおこない，その報告内容に付き責任を有する。この場合の報告を申告という。申告は，所得金額と税額の確定を通じて納税義務の履行を伴う，より拘束力の強い性格を有しており，ここではこの課税所得論が中心をなしている。

　②税務計画論

　税務計画論（タックス・プランニング）は，税法と管理会計との境界領域であり，租税負担の企業経営に与える影響は重要であることから，経営者は，不必要な租税負担を避け，合法的かつ合理的に租税負担を最小限にして，税引後利益を最大にするように努力する。税法には，その選択により合法的に租税負担を軽減できる規定が多く存在する。税務計画論は，経営者の計画設定，意思決定に当たり，租税負担が合理的に最有利になるような選択方法に関する情報を対象にするものである。

1-7.　トライアングル体制

　日本の財務会計は会社法，金融商品取引法，法人税法からなっているため制度会計としてトライアングル体制といわれている[22]。

　かつて，商法，証券取引法，法人税法は，それぞれの目的を有しており，分立しながらも密接な関係を形成していた。トライアングル体制は，その当時から形成されていた。図表1-5が当時のトライアングル体制を表わしている。

図表1-5　従来のトライアングル体制

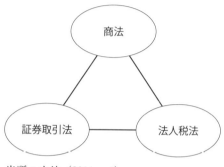

出所：山地（2011, p.4）

　しかしながら，日本では，2000年3月期から，証券取引法において，従来の個別財務諸表中心から連結財務諸表を中心とする会計に移行した。連結財務諸表には，従来の日本の会計処理基準とはかなり異なった内容が適用されることになったので（例えば，包括利益の表示など），トライアングル体制のうち，会社法会計と金融商品取引法会計は密接な結びつきである一方，金融商品取引法と法人税法は結びつきがかなりなくなり，会社法と法人税法も従来より密接な結びつきでなくなってってきている。図表1-6は，現段階のトライアングル体制を表わしている。

図表1-6　現在のトライアングル体制

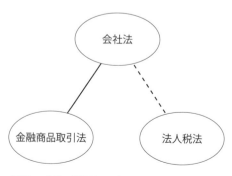

出所：山地（2011, p.5）

　今日，日本の上場企業等は，会社法と金融商品取引法により規制を受けていることから，2種類の様式の財務諸表を作成しなければならない。この点，米国では，財務諸表が一元化されているので異なる。

　決算業務に関して，企業会計は，会社法と金融商品取引法による規制を受けているが，法人税法にも大きな影響を受けている。しかしながら，法人税法は投資者などの投資意思決定に役立つ会計情報を提供するための制度ではないことから，企業の会計制度としては，会社法会計と金融商品取引法会計が2つの柱を担っている。

　これまで日本の企業会計制度は，法人税法の影響が濃く，法人税法に詳細な計算規定があり，その規定により会社法（旧商法）会計と金融商品取引法（旧証券取引法）会計を補完してきた。しかしながら，近年の法人税改革（各種引当金の廃止や縮小）によって，税務（法人税法）会計と，会社法会計・金融商品取引法会計との距離が開きつつある。したがって，法人税法の規定に従った会計処理をそのまま企業会計に取り入れることはできなくなっている。また，従来ならば，課税所得と企業会計の当期純利益との整合性が求められてきたが現在では税効果会計が適用されるようになり，両者間の整合性は従来ほど要求されることはなくなった。

【注】

1）井上（2014, p.2）。
2）関数型は，会計の世界では x を y に変換するための会計のルール群である。
3）井上（2014, p.3）。
4）井上（2014, p.4）。
5）井上（2014, p.6）。
6）井上（2014, p.7）。
7）井上（2014, p.11）。
8）井上（2014, pp.13-14）。
9）再評価モデルのように他面，第四類型の時価主義会計への流れも見られる。
10）井上（2008, p.75）
11）井上（2008, p.76）
12）日本の財務会計では，繰延資産や修繕引当金など，損益法を主とするものがまだ存在している。
13）井上（2014, p.13）。

14）中田（2015，p.4）。

15）中田（2015，p.4）。

16）石黒（2012，p.1）。

17）石黒（2012，p.1）。

18）Adam Smith（2001，pp.132-137）。

19）Adam Smith（2001，p.132）。

20）Adam Smith（2001，p.133）。

20）A. H. G. Wagner 他は，同様に，租税原則として，①財政政策上の原則②国民経済上の原則③公正の原則④税務行政上の原則をあげている。また，Richard A. Musgraveは，①公平②中立性③政策手段としての租税政策としての公平性としての調整④経済の安定と成長⑤明確性⑥費用最小をあげている。詳しくは，Wagner他（1979），Musgrave（1983）を参照されたい。

21）大倉（2009，p.10）。

22）山地（2011，pp.5-6）。

第2章　納税主体と課税所得

2-1.　法人の種類

　法人には大きくは，(1) 内国法人と (2) 外国法人がある。内国法人（domestic corporation）とは，国内に本店または主たる事務所を有する法人をいい，外国法人（foreign corpration）とは，内国法人以外の法人をいう。内国法人は国内および外国において生じたその帰属するすべての所得につき納税義務がある。一方，外国法人は国内に源泉を有する所得のみに納税義務を負う。

2-2.　法人の分類

　法人はさらに次の5つに分類できる[1]。①公共法人②公益法人等③協同組合等④人格のない社団等そして⑤普通法人である。

　公共法人は，その公共目的により，納税義務のない非課税法人で，たとえば国立大学法人，社会保険診療報酬支払基金，地方公共団体，独立行政法人（財務大臣指定），地方独立行政法人，国民生活金融公庫，日本年金機構，そして日本放送協会等がある[2]。公益法人等（public interest corporations）は，その公益目的により公益事業に対して非課税であるが，収益事業を営む場合は納税義務がある。たとえば，学校法人，社会福祉法人，宗教法人，商工会議所，日本赤十字社，労働組合（法人であるものに限る），公益社団法人，公益財団法人，そして信用保証協会等がある。協同組合等（cooperatives）は納税義務を有するが，普通法人より低い税率が適用される。たとえば，消費生活協同組合，信用金庫，農林中央金庫，中小企業等協同組合，農業協同組合，漁業協同組合，そして労働金庫等がある[3]。人格のない社団等とは，法人でない社団または財団で代表者または管理人の定めがあるものをいい，収益事業を営む場合には納税義務を負うものである。たとえば，学校のPTA，研究会やクラブ，労働組合そしてマンションの管理組合等がある。普通法人は，上記以外の法人で，す

べての所得に対し納税義務を有するものである。たとえば，株式会社，合名会社，合資会社，そして合同会社等がある。

2-3. 課税所得の範囲

法人税は，各事業年度の所得に対して課税される[4]。

2-3-1. 内国法人

普通法人および協同組合等の内国普通法人等に対しては，各事業年度の所得について「各事業年度の所得に対する法人税」が課税される[5]。また，公益法人等および人格のない社団等の内国公益法人等および人格のない社団等については収益事業から生じた所得について「各事業年度の所得に対する法人税」が課税される[6]。

2-3-2. 外国法人

外国法人である普通法人に対しては，国内源泉所得について，「各事業年度の所得に対する法人税」が課税される[7]。また，外国法人である公益法人等および人格にない社団等に対しては，収益事業から生ずる国内源泉所得について，「各事業年度の所得に対する法人税」が課税される[8]。

2-3-3. 所得の帰属に関する通則

所得の帰属に関しては，「実質所得者課税の原則」に立ち，資産または事業から生ずる収益の帰属は，法律上の単なる名義人ではなく，実質的にその収益を享受する法人に帰属するものとされる。すなわち，資産または事業から生ずる収益の法律上帰属するとみられる者が単なる名義人であって，その収益を享受せず，その者以外の法人がその収益を享受する場合には，その収益は，これを享受する法人に帰属するものとされる[9]。

2-4.　同族会社

同族会社（family corporation）については次の2つの課税上の特例がある。

(a)　留保金課税
(b)　その行為または計算の否認

2-4-1.　同族会社の意義

同族会社とは，株主等の3人以下および株主等の同族関係者（株主等の特殊の関係ある個人および法人）が有する株式総数または出資金額が，発行株式総数または出資金合計（自己株式を除く）の50％を超える会社をいう[10]。

会社の株主等の1人とその同族関係者とを合わせて1つのグループとし3つ以下のグループの持分割合が50％超となる場合には，その会社は同族会社となる。株主等の人数は，実際の株主数ではなく，異なる同族グループの数をいう。

3つ以下のグループが，一定の議決権（事業全部譲渡・合併・分割等，役員の選任・解任，役員報酬・賞与等および剰余金の配当等に関する議決権）の50％超を有する場合も，同族会社と判定される[11]。

同族関係者には，同族関係者となる個人と同族関係者となる法人がある[12]。同族関係者となる個人には，①株主等の親族（6親等内の血族，配偶者，3親等内の姻族）②内縁の配偶者③株主等の個人的使用人④株主等から受ける金銭等によって生計を維持している者等⑤①から④までに掲げる者と生計を一にするこれらの者の親族が含まれる。一方，同族関係者となる法人とは，株主等の1人の持合割合が50％超である他の会社をいう。

同族会社のうち，非同族会社である株主を判定の基礎とするものは非同族の同族会社という。これは留保金課税の対象にならない[13]。しかし，行為または計算の否認は適用される。この例としては，非同族会社の子会社がある。

例題2-1

　次の資料にもとづき，同族会社か否かを明らかにすると次のとおりになる。

【資料】株主等の内訳

①X社		
A氏　　25%	B氏　　15%	C氏　　10%
D氏　　10%	その他（5%未満所有の株主）40%	

②Y社		
E氏　　35%	F氏　　15%	G氏　　10%
その他（5%未満所有の株主）40%		

③Z社		
H会社　40%	I氏　　7%	J氏　　6%
その他（5%未満所有の株主）47%		

①25%＋15%＋10%＝50%≦50%なので同族会社でない。
②35%＋15%＋10%＝60%＞50%なので同族会社である。
③40%＋7%＋6%＝53%＞50%なので同族会社である。

2-5. 留保金課税

　同族会社においては，同族株主の配当所得に対する課税との関係から，一般に留保割合が高く，結果として所得税の総合課税が延期されるため，一定額を超える利益留保金に対しては，特別税率による留保金課税がおこなわれる[14]。留保金課税は，同族会社のうち特定同族会社（1株主グループにより，持株比率が50%超，一定の議決権比率が50%超。資本金の額が1億円以下を除く[15]）に対して適用される[16]。

2-6. 行為または計算の否認

　同族支配のため個人的色彩が強く租税負担を軽減するために不当な行為または計算がおこなわれやすい。その弊害を防ぐため，税務署長は，行為または計算の否認をおこなう。すなわち，法人税の負担を不当に減少させる結果となると認められる同族会社の行為または計算を否認して，法人税の課税標準や法人税額を計算することができる[17]。否認される行為計算には，①現物出資資産の過大評価②社員所有資産の高価買入③法人所有資産の低価譲渡④個人的寄付金の負担⑤無収益個人的寄付金の負担⑤無収益資産の受入れ⑥過大給与⑦社員に

対する用役贈与⑧社員に対する過大な利率および賃借料の支払い⑨不良債権の肩代わり⑩債務の無償引受がある[18]。

2-7.　青色申告

2-7-1.　承認の申請

青色申告法人となるためには，所轄税務署長の承認を受けることが必要である。青色申告の承認を受けようとする法人は，青色申告書を提出しようとする事業年度開始の日までに，承認申請書を所轄税務署長に提出しなければならない[19]。しかし，設立第1期の法人については，設立日から３カ月たった日とその事業年度終了の日とのいずれか早い日の前日までに，申請書を提出すればよい。税務署長は，青色申告書提出の承認申請書の提出があった場合には，申請法人に対し，書面で承認または却下の通知をする。その事業年度終了日までに承認または却下の通知がなかったときは，青色申告の承認があったものとみなされる[20]。

2-7-2.　備え付ける帳簿書類

青色申告法人は，仕訳帳および総勘定元帳等所定の帳簿を備え，一切の取引を複式簿記の原則に従って，整然かつ明瞭に記録し，その記録に基づいて決算をおこなわなければならない[21]。決算においては，棚卸表，貸借対照表および損益計算書を作成しなければならない。帳簿書類は整理して，７年間保存しなければならない[22]。

2-7-3.　承認の取消しと取りやめ

青色申告法人について，不正な記帳があり，記載事項に真実性を疑うに足りる相当な理由がある場合等には，所轄税務署長は，その事実にあった事業年度までさかのぼってその承認を取り消すことができる[23]。

青色申告法人が青色申告を取りやめようとするときは，取りやめようとする事業年度終了の日の翌日から２カ月以内に，取りやめの届出書を所轄税務署長に提出しなければならない[24]。

2-7-4. 青色申告の特典

青色申告の特典として，準備金の積立て，特別償却，欠損金の繰越控除・欠損金の繰戻し還付，法人税額の特別控除（例：試験研究をおこなった場合の法人税額の特別控除），推計課税の禁止，更生理由の付記等がある。

【注】

1) 法2，4。
2) 法別表1。
3) 法別表3。
4) 法5。
5) 法5。
6) 法7。
7) 法9。
8) 法10。
9) 法11。
10) 法2十。
11) 法令4②③。
12) 法令4。
13) 法67①。
14) 法67
15) 「特定同族会社とは，被支配会社であって，被支配会社であることについての判定の基礎となった株主等のうちに被支配会社でない法人がある場合において，その法人をその判定の基礎となる株主等から除外して判定した場合においても，なお被支配会社となるものをいいます。非常にわかりにくいいいまわしですが，まず，議決権の過半数を他者に把握されている会社を被支配会社といいます。そして，「被支配会社であることについての判定の基礎となった株主等のうちに被支配会社でない法人がある場合」とは，被支配会社の株式を保有している株主中，被支配会社に該当する会社がない場合をいいます。その上でも被支配会社としての地位にあるものが特定同族会社ということになります。」税理士法人チェスター「特定同族会社の判定方法」〈http://chester-tax.com/encyclopedia/dic05_172.html〉2017. 1. 3参照。
16) 法67①②，法令139の7②③。
17) 法132。
18) 旧基通355。
19) 法122。
20) 法122，124，125。
21) 規53，54。
22) 規59。
23) 法127①。
24) 法128。

第3章　事業年度の所得金額

3-1. 所得金額の計算

　各事業年度の所得に対する法人税の課税標準は「各事業年度の所得の金額」であり，その事業年度の益金の額から損金の額を控除した金額である[1]。

3-1-1. 益金の額

　益金の額とは，別段の定めがあるものを除き[2]，資産の販売，有償または無償による資産の譲渡または役務の提供，無償による資産の譲受けその他の取引で，資本等取引以外のものに係る事業年度の収益の額である[3]。

　この場合，資産の販売とは棚卸資産の売上のことであり，有償による資産の譲渡とは固定資産譲渡収入がその例であり，無償による資産の譲渡とは，固定資産の贈与がその例である。また，役務の提供は建築請負等による収入をいい，無償による資産の譲受けは，受贈益がその例である。

3-1-2. 損金の額

　損金の額に算入すべき金額は，別段の定めがあるものを除き[4]，次に掲げるものとする[5]。

(1) その事業年度の収益に対する売上原価，完成工事原価その他これらに準ずる原価の額。

(2) その事業年度の販売費，一般管理費その他の費用の額。この費用には償却費以外の費用でその事業年度終了日までに債務の確定しないものを除く。

(3) その事業年度の損失の額で資本等取引以外の取引に係るもの。

　(2) の諸経費について，外部取引に係るものにはその事業年度末に債務が確定することが要件とされるため，引当金の計上額は，別段の定めがあるものを

除き[6]，損金の額に算入されない。減価償却費は，債務の確定とは無関係に内部計算として生ずるものであるので，一定の見積りにより損金の額に算入される。

「債務の確定」とは，次の要件のすべてに該当するものとする[7]。

(1) その事業年度終了日までにその費用にかかる債務が成立していること。

(2) その事業年度終了日までにその債務に基づいて具体的な給付をすべき原因となる事実が発生していること。

(3) その事業年度終了日までにその金額を合理的に算定することができるものであること。

3-1-3. 一般に公正妥当と認められる会計処理基準

各事業年度の益金の額に算入すべき収益の額および損金の額に算入すべき売上原価，販売費，一般管理費その他の費用および損失の額は，一般に公正妥当と認められる会計処理の基準にしたがって計算されるべきである[8]。

すなわち，これは，税法に定めのないものについては，公正処理基準にしたがって課税所得が算定されるべきことを，確認した規定である。

公正処理基準とは，客観的な規範性を持つ企業の会計慣行のうち，公正な課税所得計算に適合するものをいう[9]。なぜならば，複雑にして変動的な経済事象を反映する課税所得計算の総てを税法に定めることが困難であるため，財務会計における公正処理基準を尊重するという主旨を反映したものなのである。

3-1-4. 資本等取引の除外

資本等取引は，益金の額および損金の額の発生原因から除外されている[10]。資本等取引には次のものがある[11]。

(1) 法人の「資本金等の額」の増加または減少を生ずる取引

(2) 法人がおこなう利益または剰余金の分配（中間配当を含む）

この場合の「資本金等の額」とは，株主等から出資を受けた金額をいう[12]。この規定は，損益取引と資本等取引を適切に区分するものである。

3-2. 決算利益と所得金額

3-2-1. 確定決算と申告調整

　法人の所得計算は，具体的には，法人の会計記録を通しておこなわれる。

　その所得金額および税額の申告は，各事業年度終了の日の翌日から 2 カ月以内に，「確定した決算に基づいて」おこなわれなければならない[13]。確定した決算とは，株主総会等において承認されたものをいう。その財務諸表における当期純利益を基礎として，課税標準である所得金額と法人税額の計算をおこなう。

　税法の所得金額は，益金により損金を控除するのであるが，企業会計原則・企業会計基準および会社法における収益・費用と税法上の益金・損金とは必ずしも一致しない。なぜならば，財務会計上は収益であっても税法上益金とならないもの（益金不算入，例，受取配当金）もあり，財務会計上は費用であっても税法上損金とならないもの（損金不算入，例，罰課金）もあるからである。

　したがって，財務諸表に示された当期純利益に，損金不算入の費用を加算し，益金不算入の収益を減算して，課税標準たる所得金額を算出する。

　なお，企業の会計処理において収益として計上されていないが，税法上益金となるもの（例，剰余金の処分による特別償却準備金の取崩し），費用として処理されていないが税法上損金に算入される項目（例，納税充当金から支出した事業税）がある。前者は益金算入といい，後者は損金算入という。

　税法では損金算入に関して，損金経理を要件とするものが多い。損金経理とは，法人がその確定した決算において費用または損失として経理することをいう。会計処理の段階において，費用に計上されていることを前提として，所得計算上の損金に認める。したがって，決算確定以前の段階で，税法の計算規定に十分な考慮を払いつつ，会計処理がおこなわれる必要がある。損金経理要件を満たさなければ，不必要な租税負担を招くおそれもありうる。

　当期純利益と所得金額関係は次の式で表わすことができる。

　当期純利益＋（損金不算入費用額＋益金算入額）
　　　　－（益金不算入収益額＋損金算入額）＝所得金額

　図表1-3で表わしたが，あらためて，ここで益金・損金と収益・費用の関係を示すと図表3-1のようになる。

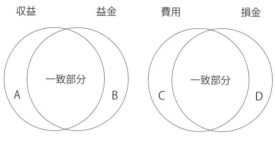

図表3-1　益金・損金と収益・費用

A：益金不算入　　　　　C：損金不算入
B：益金算入　　　　　　D：損金算入

出所：内容をもとに筆者が作成

①益金算入

　先ず益金算入であるが，これは，法人税の申告調整のさい，会社の利益計算では収益ではないが，税法上は益金の額に算入させる金額をいう。法人税を申告するにあたって，課税所得金額を算出するさいに用いる。益金算入は課税所得金額を算出するさい，利益に加算されるもののひとつで，会社更生計画にしたがっておこなう評価換えによる評価益，特定外国子会社などの留保金額などがあげられる。

②益金不算入

　次に益金不算入であるが，これは，法人税の申告調整のさい，会社の利益計算では収益でも，税法上は益金の額に算入させない金額をいう。法人税を申告するにあたって，課税所得金額を算出するさいに用いるのであるが，益金不算入は課税所得金額を算出するさい，利益から減算されるもののひとつで，任意の評価換えによる資産の評価益や法人税などの中間納付額の還付金などがあげられる。

③損金算入

　次に，損金算入であるが，これは，法人税の申告調整のさい，会社の利益計算では費用や損失ではないが，税法上は損金の額に算入させる金額である。法人税を申告するにあたって，課税所得金額を算出するさいに用いる。

　損金算入は課税所得金額を算出するさい，利益から減算されるもののひとつで，青色申告事業年度の繰越欠損金，災害による繰越損失金などがあげられる。

④損金不算入

　最後に，損益不算入であるが，これは，法人税の申告調整のさい，会社の利益計算では費用や損失だが，税法上は損金の額に算入させない金額である。法人税を申告するにあたって，課税所得金額を算出するさいに用いる。

　損金不算入は課税所得金額を算出するさい，利益に加算されるもののひとつで，任意の評価換えによる資産の評価損，過大な特殊関係使用人に対する給与，交際費などがあげられる。

3-2-2. 損金経理事項と申告調整事項

　損金経理した場合にのみ損金算入が認められる事項として，減価償却，繰延資産の償却費，評価損，使用人兼務役員の使用人分賞与，圧縮記帳，引当金，準備金等の損金算入がある。

　申告調整事項には，(a) その適用を法人に選択させるもの：受取配当金の益金不算入，収用換地等の場合の所得の特別控除等と (b) 法人の意思にかかわりなく申告調整を強制されるもの：還付法人税等の益金不算入，過大役員給与の損金不算入，寄附金の損金不算入，交際費等の損金不算入，法人税等の損金不算入，引当金および準備金の繰越超過額の損金不算入，減価償却超過額の損金不算入，青色申告年度欠損金の繰越控除等がある。

3-2-3. 確定決算基準と逆基準性

　確定決算基準とは，税法上の課税所得計算は，会社法上の利益計算に原則的

に依存していることを意味する。しかしながら，会計実践上では，確定決算基準の「逆基準性」の現象がみられる。つまり，法人税法が，企業会計原則，会社法，金融商品取引法にもとづく会計規定よりも詳細な課税所得計算規定を設定しているため，実際の会計処理に大きな影響を与えている[14]。

3-3. 税額の計算

3-3-1. 税　率

　その法人の期末（事業終了の日）現在における資本金の額の区分により税率は，次の図表3-2のように定められている。

図表3-2　税　率[15]

所得金額の区分 法人の区分	課税所得金額のうち	
	年800万円 （800万円×当期の月数÷12） 以下の金額	年800万円超の金額
期末資本金が1億円以下の法人（中小法人）	15%	23.2%
期末資本金が1億円超の法人（大法人）	23.2%	

（注）月数は暦に従って計算する。1月に満たない端数が生じた場合には，これを1月とする。
出所：遠藤（2016, p.92）

3-3-2. 税額の計算

3-3-2-1. 中小法人の税額の計算

　①課税所得金額

　　別表四上の所得金額は，千円未満の端数を切り捨て（1）課税所得金額である。

　②法人税額

　　（a）年800万円以下の所得金額に対する税額

　　　　800万円×当期の月数÷12×15％＝（ア）の税額

（b）年800万円を超える所得金額に対する税額

　　（(1) 課税所得金額－800万円）×当期の月数÷12×23.2%＝（イ）の税額

（c）法人税額合計

　　（ア）の税額＋（イ）の税額＝（2）法人税額

③差引所得に対する法人税額

　（2）法人税額－法人税額から控除される所得税額等（控除税額）

　　　＝（3）差引所得に対する法人税額（百円未満の端数切捨て）

④納付すべき法人税額

　（3）差引所得に対する法人税額－中間納付法人税額

　　　＝（4）納付すべき法人税額

3-3-2-2. 大法人の税額の計算

①課税所得金額

　別表四上の所得金額は，千円未満の端数を切り捨て（1）課税所得金額である。

②法人税額

　（1）課税所得金額×23.2%＝（2）法人税額

③差引所得に対する法人税額

　（2）法人税額－法人税額から控除される所得税額等（控除税額）

　　　＝（3）差引所得に対する法人税額（百円未満の端数切捨て）

④納付すべき法人税額

　（3）差引所得に対する法人税額－中間納付法人税額

　　　＝（4）納付すべき法人税額

例題 3-1

　次の資料により中小法人と大法人の場合で税額を求めると次のようになる。

【資料】

　所得金額　15,000,205円

　中間納付法人税額　1,500,0000円

　法人税額から控除される所得税額等　52,000円

【期末資本金1億円以下の中小法人の場合】
　①課税所得金額：15,000,205円→15,000,000円（千円未満切捨）
　②法人税額
　　（a）年800万円以下の所得金額に対する税額
　　　　（8,000,000円×12÷12＝8,000,000円）×15％＝1,200,000円
　　（b）年800万円を超える所得金額に対する税額
　　　　（15,000,000円－8,000,000円×12÷12＝7,000,000円）×23.2％
　　　　＝1,624,000円
　　（c）法人税額合計
　　　　1,200,000円＋1,624,000円＝2,824,000円
　③差引所得に対する法人税額
　　2,824,000円－52,000円＝2,772,000円（百円未満切捨）
　④納付すべき法人税額
　　2,772,000円－1,500,000円＝1,272,000円
【期末資本金が1億円超の大法人の場合】
　①課税所得金額：15,000,205円→15,000,000円（千円未満切捨）
　②法人税額15,000,000円×23.2％＝3,480,000円
　③差引所得に対する法人税額　3,480,000円－52,000円＝3,428,000円
　（百円未満切捨）
　④納付すべき法人税額　3,428,000円－1,500,000円＝1,928,000円

例題 3 - 2

　次の資料によりA社の納付すべき法人税額を計算すると次のようになる。
【資料】
　1. 事業年度　自平成30年 4 月 1 日至平成31年 3 月31日
　2. 期末資本金額　　　　　　　　100,000,000円
　3. 別表四上の所得金額　　　　　 32,000,259円
　4. 法人税額から控除される所得税額等 205,325円
　5. 中間納付法人税額　　　　　　　 3,500,000円
　　①課税所得金額　32,000,259円→32,000,000円（千円未満切捨）
　　②法人税額
　　　（a）年800万円以下の所得金額に対する税額
　　　　　（8,000,000円×12÷12＝8,000,000円）×15％＝1,200,000円
　　　（b）年800万円を超える所得金額に対する税額
　　　　　（32,000,000円－8,000,000円×12÷12＝24,000,000円）×23.2％
　　　　　＝5,568,000円

（c）法人税額合計
　　1,200,000円＋5,568,000＝6,768,000円
③差引所得に対する法人税額
　6,768,000円－205,325円＝6,562,675円→6,562,600円（百円未満切捨）
④納付すべき法人税額
　6,562,600円－3,500,000円＝3,062,600円

例題 3 - 3

　次の資料によりＢ社の第18期（自平成30年 4 月1日至平成31年 3 月31日）事業年度の確定申告により納付すべき法人税額を計算する場合次のようになる。

【資料】
1. 期末現在資本金額　　　　　　　　　　85,000,000円
2. 当期利益の額　　　　　　　　　　　　70,000,000円
3. 所得金額の計算上税務調整すべき事項
　①損金の額に算入した中間納付の法人税額 16,000,000円
　②損金の額に算入した中間納付の住民税額　 4,000,000円
　③損金の額に算入した住民税利子割額　　　　 150,000円
　④損金の額に算入した納税充当金　　　　 23,000,000円
　⑤法人税額から控除される所得税額等　　　　 450,120円
　⑥納税充当金から支出した事業税等の金額　 4,600,000円
　⑦役員給与の損金不算入額　　　　　　　 3,350,000円
　⑧役員退職給与の損金不算入額　　　　　 5,000,000円
　⑨減価償却超過額の当期容認額　　　　　　 620,000円

所得金額の計算（別表四）

摘要		金額
当期利益		70,000,000円
加	損金の額に算入した中間納付の法人税額	16,000,000
	損金の額に算入した中間納付の住民税額	4,000,000
	損金の額に算入した住民税利子割額	150,000
	損金の額に算入した納税充当金	23,000,000
	役員給与の損金不算入額	3,350,000
	役員退職給与の損金不算入額	5,000,000
算	小計	51,500,000

減	納税充当金から支出した事業税等の金額	4,600,000
	減価償却超過額の当期認容額	620,000
算		
	小計	5,220,000
	仮計	116,280,000
	法人税額から控除される所得税額等	450,120
	合計・総計・差引計	116,730,120
	所得金額	116,730,120

①課税所得金額　116,730,120円→116,730,000円（千円未満切捨）
②法人税額
　（a）年800万円以下の所得金額に対する税額
　　　（8,000,000円×12÷12＝8,000,000円）×15％＝1,200,000円
　（b）年800万円を超える所得金額に対する税額
　　　（116,730,000円－8,000,000円×12÷12＝108,730,000円）×23.2％
　　　＝25,225,360円
　（c）法人税額合計
　　　1,200,000円＋25,225,360円＝26,425,360円
③差引所得に対する法人税額
　26,425,360円－450,120円＝25,975,240円→25,975,200円（百円未満切捨）
④納付すべき法人税額
　25,975,200円－16,000,000円＝9,975,200円
　これを別表一形式でおこなうと次のようになる。

摘要	金額	計算過程
所得金額	116,730,120円	1,000円未満切捨
法人税額	26,425,360円	（a）年800万円以下の所得金額に対する税額（8,000,000円 ×12÷12＝8,000,000円）×15％＝1,200,000円（b）年800万円を超える所得金額に対する税額（116,730,000円 －8,000,000円 ×12÷12＝108,730,000円）×23.2％＝25,225,360円（c）法人税額合計1,200,000円＋25,225,360円＝26,425,360円
差引法人税額	26,425,360円	
法人税額計	26,425,360円	

控除税額	450,120円	
差引所得に対する法人税額	25,975,200円	100円未満端数切捨
中間申告分の法人税額	16,000,000円	
納付すべき法人税額	9,975,200円	

【注】

1）法22①。

2）受取配当等の益金不算入，資産の評価益の益金不算入，還付金等の益金不算入等がある。

3）法22②。

4）資産の評価損，役員給与，寄付金および法人税等の損金不算入，圧縮記帳，引当金および繰越欠損金の損金算入等の規定で，資産の評価損の損金不算入，法人税額等の損金不算入，貸倒引当金の損金算入等がある。圧縮記帳とは，本来なら一時におこなわれる課税を繰延べる効果をもたらすテクニックである。例として，国から補助金を受け，備品を買ったとする。法人税法上，このままでは国庫補助金の受贈益にいっぺんに税金がかかることになり，会社の税金が膨らんで経営活動を阻害することになる。そこで，受贈益分については，損金処理をおこなって，固定資産の減額を計る事ができる。これが圧縮記帳である。かような圧縮記帳をおこなうと，減額された分固定資産の減価償却費の減額等により，課税が増すことで課税の繰延べの効果をもたらす。

5）法22③。

6）法人税法では原則として引当金の計上を認めていない。法人税法第22条第3項において，償却費以外の費用で期末までに債務の確定しないものは当期の損金の額に算入できないと定められているためである。しかしながら引当金の計上を一切認めていないのかというとそうではなく，別段の定めにおいて，貸倒引当金と返品調整引当金の2種類だけは認めている（法52，法53）。この場合の損金算入額は，損金経理した繰入額のうち損金算入限度額に達するまでの金額となる。

7）基通2-2-12。

8）法22④。

9）法人税法第22第4項においては，課税所得の計算について，「一般に公正妥当と認められる会計処理の基準」（以下これを「公正処理基準」と略す。）に従って計算する旨定めている。しかしながら，この基準が現実にいかなるものを指すかの問題になると，必ずしも，明らかでない。つまり，実体的にその基準が存在するわけでなくて，いわば理念として抽象的に存在するに過ぎない。たしかに，公正処理基準と判断される素材は存する。たとえば，企業会計原則，財務諸表規則，商法における計算規定，税法の各種の計算規定等である。

10）法22②③。

11）法22⑤。

12）法2十六。

13) 法74。
14) 大城 (2006, pp.32-33)。
15) 中小企業者等の法人税率の特約 (法66, 措法42の3の2)。期末資本金等の額が1億円以下である普通法人の「課税所得金額のうち年800万円以下の金額」に対する軽減税率 (15%) の適用期限が2年間延長された。上記改正は, 令和5年4月1日から令和7年3月31日までの間に開始する事業年度について適用される。

第4章　販売等の収益

4-1. 販売収益

4-1-1. 棚卸資産の販売

　棚卸資産の販売による収益の額は，その引渡しがあった日の属する事業年度の益金に算入する[1]。「引渡しの日」として，たとえば，出荷日，相手方による検収日，相手方において使用収益ができることとなった日，検針等により販売数量を確認した日等があげられる。すなわち，棚卸資産の種類，性質，契約内容等に応じて，引渡しの日として合理的であると認められる日で，法人が継続してその収益計上をおこなっている日を意味する。

　その棚卸資産が土地または土地の上に存する権利であり，その引渡しの日が明らかでないときは，次のいずれか早い日を引渡しのときとする[2]。

　（イ）代金の相当部分（おおむね50％以上）を収受した日

　（ロ）所有権移転登記の申請日

4-1-2. 委託販売と収益帰属時期

　委託販売とは，委託者が棚卸資産の販売につき受託者に委託する販売形態をいう。委託者は委託商品を積送品として発送し，受託者は受取った商品につき販売をおこなう。委託者による商品の発送の時点では売上に計上できない。委託販売による売上高は原則として，その委託品について受託者が販売した日に売上があったものとして益金に算入される。ただし，委託品についての売上計算書が売上の都度作成されている場合で，委託法人が継続してその売上を売上計算書の到達日に益金に算入しているときは，その処理が認められる[3]。

4-1-3. 長期割賦販売等と収益帰属時期（延払基準の廃止）

　長期割賦販売等は，通常の販売と異なり，その代金回収期間が長期にわたり，

かつ，貸倒れ，代金回収費，アフターサービス費等の費用が発生する。そのため，長期割賦販売等に関する収益の認識を慎重におこなうため，長期割賦代金の支払期日（回収期限）の到来の日をもって，売上収益実現の日とするものである。

　内国法人が，長期割賦販売等により，資産の販売等（資産の販売・譲渡，工事の請負または役務の提供）をおこなった場合，確定した決算において延払基準の方法により経理したときは，その収益および費用の額は，税法上において，益金および損金の額に算入される[4]。

　なお，長期割賦販売等の要件は次である[5]。

①月賦，年賦その他賦払の方法により3回以上に分割して対価を受けること
②延払期間（販売日等の期日の翌日から最終賦払期日までの期間）が2年以上であること。
③頭金の額が売上金額（資産の販売等の額）の3分の2以下であること

　その算式は次のとおりである。したがって，利益または損失は代金の支払期限到来額に応じて計上する[6]。

　当期収益計上額は，（長期割賦販売等売上等）に（当期支払期日到来額/長期割賦販売等売上高）を乗じて求める。

　また，当期費用計上額は，{長期割賦販売等売上原価（販売手数料を含む）}に（当期支払期日到来額/長期割賦販売等売上高）を乗じて求める。

　延払基準は，新収益認識基準により現在廃止されている。

4-1-4. 試用販売と収益帰属時期

　試用販売とは，商品を相手方に仮に送付し，相手方が購入の申し出をしたときに売買が成立する販売形式をいう。したがって，試用販売商品の売上は，相手方が購入の意思を示した日に計上される。

4-1-5. 予約販売

　予約販売は，商品の販売につき予約をとり，あらかじめ予約金を徴収してお

き，その後に商品の引渡しをおこなう販売形式をいう。予約販売における売上の計上は，商品を予約者に引渡したときにおこなう。

4-1-6.　商品引換券等と収益帰属時期

　法人が商品の引渡し等を約した証券等（商品券，ビール券，お仕立券等）を発行して対価を受領した場合，商品引換券等の発行年度の益金に算入する。

　ただし，法人が商品引換券等を発行年度ごとに区分し，その対価の額を商品の引渡し年度の収益に計上し，発行年度後 3 年を経過した日に商品引渡しが未了分の商品引換券等の対価を収益に計上することについて，あらかじめ所轄税務署長の確認を受け，継続的に収益計上をおこなっている場合には，その処理が認められる[7]。

　なお，発行時に収益計上する場合，発行年度およびその後 3 年間の各年度末において，未引換券残高についての引換原価を見積り計上することができる[8]。

4-2.　請負による収益

4-2-1.　完成基準と収益帰属時期

　請負とは，当事者の一方がある仕事を完成することを約し，相手方がその仕事の結果に対してこれに報酬を与えることを約するものである[9]。

　税務における請負による収益の額は，物の引渡しを要する請負契約（建設工事等）にあってはその目的物の全部を完成して相手方に引渡した日，物の引渡しを要しない請負契約（運送契約等）にあってはその役務の全部を完了した日の属する事業年度に益金に算入する[10]。

　請負による損益の計上は，原則として，完成基準によってなされ，その物の全部の完成引渡しの日，役務の全部の提供を完了した日を含む事業年度におこなわれる。

4-2-2.　工事進行基準と収益帰属時期

　工事進行基準とは，各事業年度の企業活動の状況を工事進行度合に応じて各事業年度の利益計上に反映させるものであり，国際的にも普及している方法で

ある。長期大規模工事においては，その着工事業年度から，完成引渡事業年度前の各事業年度において，各年度における工事の進行程度に応じて各事業年度の利益計上をおこない，確定利益との差額を引渡事業年度で調整する方法である。この場合の進行度合は，見積工事原価に対する各年度の投入原価の割合による[11]。

(a) 各事業年度（引渡事業年度を除く）の計上利益

　長期工事の見積利益は，（長期工事の対価の額）から（各事業年度末における工事原価の見積額）を差引いて求める。

　その事業年度の計上利益は，（その事業年度末の現況によるその長期工事見積工事利益）に ｛（着工事業年度からその事業年度までに要したその長期工事の工事原価の合計額）／（その事業年度末の現況によるその長期工事の見積工事原価)｝を乗じて，（前事業年度末までに計上した予想工事利益）を差引いて求める。

(b) 引渡事業年度の計上利益

　引渡事業年度の計上利益は，（長期工事の確定工事利益）から（引渡事業年度の前の各事業年度において計上したその工事の予想工事利益合計）を差引いて求める。なお，工事進捗度の確実性が認められない場合に，工事完成基準を適用するならば，原価回収基準を用いる。

（注）部分完成基準の処理もこのほか示されている[12]。

4-3. 販売に関連する損益
4-3-1. 売上割戻し

　売上割戻しは，一定期間内に多額または多量の取引をした得意先に対する売上代金の返戻額をいう[13]。

　売上割戻しの金額の計上時期は，原則として，以下の事業年度とする。

(1) その算定基準が販売価額または販売数量によっており，かつ，その算定基準が契約その他の方法により相手方に明示されている場合，販売事業年度に計上する。

(2)（1）に該当しない場合，その売上割戻しの金額の通知または支払をした日の属する事業年度に計上する[14]。

4-3-2. 仕入割戻し

仕入割戻しは，一定期間内に多額または多量の取引をした仕入先から受ける仕入代金の返戻額をいう。仕入割戻しの計上時期は，以下のとおりである。

(1) その算定基準が購入価額または購入数量によっており，かつ，その算定基準が契約その他の方法により相手方に明示されている仕入割戻しについては，購入した日の属する年度に計上する。

(2)（1）に該当しない場合，その仕入割戻しの金額の通知を受けた日の属する事業年度に計上する。

4-3-3. 固定資産の譲渡損益

固定資産の譲渡による収益の額は，別に定めのものを除き[15]，その引渡しがあった日の属する事業年度の益金に算入する。ただし，その固定資産が土地，建物等である場合，法人がその固定資産の譲渡契約の効力発生の日の属する事業年度の益金の額に算入することも認められる[16]。

【注】
1）基通 2 - 1 - 1。
2）基通 2 - 1 - 2。
3）基通 2 - 1 - 3。
4）法63①，法令124。
5）法62②，法令126。
6）法令124。
7）基通 2 - 1 - 33。
8）基通 2 - 2 - 11。
9）民632。
10）基通 2 - 1 - 5。
11）法64①，法令129。長期大規模工事の要件は①工事着工日から目的物引渡期日までの期間が 1 年以上②請負対価が10億円以上③請負金額の1/2以上が引渡期日から 1 年後に支払われるものでないことである（法64①，法令129）。

12) 部分完成基準とは、工事完成基準の派生パターンで、一つの契約で同種の長期工事を多量に請け負っているケースで、引渡量に応じて工事代金の収受がおこなわれる場合、引渡量に応じた収益を計上していく収益計上基準。例えば、建売住宅を一括契約し、完成した住宅から引き渡していくような工事契約などで適用される（基通2-1-9）。

13) 財規ガイドライン72-1-2。

14) 基通2-5-1。

15) 100％支配グループ内の資産の移転に伴う譲渡損益は、繰延べとなる。現行では、子会社間で工場の土地・建物を譲渡した場合には土地の含み益が譲渡益として課税されるが、グループ内の移転による課税の中立性・適正性の確保が必要との観点から、連結納税と同様、グループ内の資産の譲渡取引において生ずる損益については課税を繰り延べる。

16) 基通2-1-14。

第5章　棚卸資産

5-1.　売上原価

　企業は通常，商品を仕入れ（または製造し），それを販売し利益を得ている。仕入れた商品が当期中に全て販売されるならば，売上に対して仕入れた商品はすべて費用となる。しかしながら，売れ残りの在庫があることがむしろ通常である。在庫は翌期以降に販売されることから，仕入の金額がそのまま当期の売上の費用である売上原価になるわけではない。売上原価は，次の式で算定される。

　　売上原価＝期首棚卸資産有高＋当期仕入高（または当期製品製造原価）
　　　　　　　－期末棚卸資産有高

　かような式からわかるように，期末棚卸資産の金額の確定（評価）が売上原価を決定し，利益に対して大きな影響を与えることになるから，棚卸資産の評価が重要になる。したがって，税法において，その評価方法を詳細に定めている。なお，法人税法における棚卸資産とは，①商品または製品（副産物および作業屑を含む）②半製品③仕掛品④主要原材料⑤補助原材料⑥消耗品で貯蔵中のものそして⑦上記に掲げる資産に準ずるものである[1]。

5-2.　原価法と低価法

　法人税法は，棚卸資産の評価方法として（1）原価法と（2）低価法を定めている。原価法は，棚卸資産の評価を，取得価額をもっておこなう方法であり，低価法は原価と時価（その取得のために通常要する価額）のうち，いずれか低い価額をもってその評価額とする方法である。

5-2-1. 原価法

　棚卸資産はその仕入の時期が異なることによって，同一資産であってもその取得価額を異にする。原価法は，①個別法②先入先出法③総平均法④移動平均法⑤最終仕入原価法⑥売価還元法のいずれかの方法によりその取得価額を計算する[2]。

①個別法

　これは，期末棚卸資産の全部について，その個々の取得価額をもって評価する方法である。期末棚卸資産が個別に把握できたとすれば，期末の評価額および売上原価を計算することも容易である。しかしながら，多くの場合，多量の同一資産について個別法を採用することは困難であることから，個別法は単価が高く，取引数量の少ない資産にしか適合しない。また税法においては，通常一つの取引によって大量に取得され，かつ，規格に応じて価額が定められているものについては，この方法の選定を認めていない[3]。なぜならば，個別法による評価額の操作を防ぐためである。したがって，実際には，先入先出法などの評価方法が用いられる。

②先入先出法

　これは，先に購入した単価の資産が先に販売され，後から購入したものが残っていると考える方法である。したがって，期末棚卸資産は事業年度終了時より最も近い時に取得した資産から順次成るものとする。

③総平均法

　これは，期末棚卸資産の評価を，前期繰越資産と仕入資産の総平均価額でおこなうものである。総平均単価は，（期首棚卸資産評価額＋当期仕入高）を（期首棚卸資産数量＋当期仕入数量）で除して求める。

④移動平均法

　これは，仕入の都度，平均単価を計算する方法である。すなわち，棚卸資産を取得した場合，取得の時に有する棚卸資産と取得した棚卸資産との数量および取得価額を基礎として平均単価を計算する。かくて，事業年度終了時に最も近い時に出された平均単価をもって，１単位当たりの取得価額とし，期末棚卸高の評価をおこなう。

⑤最終仕入原価法

　これは，その事業年度における最終の仕入の時における仕入単価をもって評価する方法である。これは，原価法というよりは時価法に近い考え方で，その単価の把握が容易なところから，実務的には便利である。

⑥売価還元法

　これは，売価によって棚卸高を把握し，それに原価率（売上高の中に占める原価の割合）を掛け合わせて，評価額を決定しようとするもので，その種類等または差益率を同じくする棚卸資産ごとに，その通常の販売価額の総額に原価率を乗じて計算した金額を，期末棚卸高とするものである。

　算式では次のように表わすことができる。

　期末棚卸資産の通常の販売価格の総額×原価率＝期末棚卸高

　原価率は（期首棚卸資産取得価額＋当期仕入高）を（当期売上高＋期末棚卸資産売価評価高）で除して求める。

5-2-2.　低価法

　低価法は，算出された原価と，その事業年度末における価額である時価を比較して，いずれか低い価額をもってその評価額とする方法をいう[4]。

5-2-3.　棚卸資産の評価の方法

　法人は，棚卸資産の評価方法について，原価法に定められた，いずれか１つを選定しなければならない。低価法の場合も，時価と比較する原価法について，いずれか１つを選定しなければならない。この場合に，法人の営む事業の種類ごとに，さらに次①商品または製品（副産物および作業屑を除く）②半製品③仕掛品（半成工事を含む）④主要原材料⑤補助原材料その他の棚卸資産，の５つの区分ごとに評価方法を選定しなければならない[5]。

　評価方法の選定は，法人が設立した年度の確定申告の提出期限までに，書面により納税地の所轄税務署長に提出しなければならない[6]。

5-2-4. 棚卸資産の法定評価法

法人が評価方法を選定しなかった場合または実際にその選定した方法により評価しなかった場合は，最終仕入原価法による原価法によっているとみなされる[7]。

5-2-5. 棚卸資産の評価方法の変更

法人は選定した棚卸資産の評価方法を変更しようとするときは，変更しようとする事業年度の開始日の前日までに，変更しようとする理由その他の事項を記載した申請書を，納税地の所轄税務署長に提出しなければならない。

変更申請書の提出があった場合，その法人が現によっている評価法を採用してから相当期間を経過していないとき，または変更しようとする評価方法によっては，その法人の所得金額の計算が適正におこなわれがたいと認めるときは，税務署長はその申請を却下することができる[8]。

5-3. 棚卸資産の取得価額

5-3-1. 取得価額

棚卸資産の取得価額は，別段の定めのあるものを除き，次の資産区分に応じ掲げられた金額の合計とする。

（A）購入した棚卸資産の場合
　①購入代価
　②引取運賃，荷役費，運送保険料，買入手数料，関税その他の購入のために要した費用
　③取得資産を消費しまたは販売の用に供するために直接要した費用の額
（B）自己の製造等に係る棚卸資産
　①その資産の製造等にために要した原材料費，労務費および経費の額
　②その資産を消費しまたは販売の用に供するために直接要した費用の額

5-3-2. 購入棚卸資産の少額費用

買入事務費等の費用，販売所等への移管運賃等，長期保管費用等の合計が，少額（その棚卸資産の購入代価のおおむね３％以内の金額）である場合には，購

入棚卸資産の取得価額に算入しないことができる[9]。このほか，棚卸資産の取得価額に算入しないことができる費用として，借入利子等がある[10]。

5-3-3. 製造等棚卸資産の少額費用

製造後の検査費用等，販売所等への移管運賃等，長期保管費用等の合計が少額（製造原価のおおむね3％以内）である場合には，製造等棚卸資産の取得価額に算入しないことができる[11]。このほか，製造原価に算入しないことができる費用として，特別支給の使用人賞与（例，創立何周年記念賞与），特別償却費および陳腐化償却費，棚卸資産の評価損（通常の評価損は除く）および低価法切下額，事業税，事業閉鎖等による使用人退職給与，税務否認金，借入利子等がある[12]。また，法人の原価計算においては，実際原価計算のほか標準原価計算または予定原価計算がおこなわれることがある。この場合，標準原価または予定原価が実際原価と異なり，その差額は，原価差額といわれる。税法は，棚卸資産の評価において実際原価によることとしているため，このような原価差額は，実際原価にもとづくように調整しなければならない。

なお，払出単価の決定方法と採用状況は次の図表の通りである。参照されたい。

図表5-1　払出単価の決定方法と採用状況

払出数量把握の方法	払出単価の決定方法	採用企業数
継続記録法	個別法 先入先出法 後入先出法 移動平均法	107 56 12 115
定期棚卸法	総平均法 最終仕入原価法 売価還元法	135 28 22
	合計	475

出所：日本公認会計士協会（2007，p.235）

例題 5-1

次の資料により，Ｙ社の当期（自平成30年4月1日至平成31年3月31日）の確定申告により納付すべき法人税額を計算する場合，次のようになる。

【資料】
1. 期末現在資本金額　　　　　　　　　　　　74,000,000円
2. 当期利益の額　　　　　　　　　　　　　　58,000,000円
3. 所得金額の計算上税務調整すべき事項
　　①損金の額に算入した中間納付の法人税額　3,500,000円
　　②損金の額に算入した中間納付の住民税額　2,450,000円
　　③損金の額に算入した住民税利子割額　　　　37,000円
　　④損金の額に算入した納税充当金　　　　16,200,000円
　　⑤法人税額から控除される所得税額等　　　113,450円
　⑥交際費等の損金不算入額　　　　　　　　　450,240円
　⑦建物減価償却超過額　　　　　　　　　　　150,000円
　⑧寄付金の損金不算入額　　　　　　　　　　230,695円
　⑨評価損に関する事項
　（a）棚卸資産につき損金経理により計上した評価損の額は2,100,000円であるが，法人税法上の評価損の適正額は500,000円である。
　（b）土地につき損金経理した評価損の額は6,000,000円であるが，この評価損は法人税法上認められないものである。
　⑩納税充当金から支出した事業税等の金額　　1,352,000円
　⑪備品減価償却超過額の当期認容額　　　　　126,475円

所得金額の計算（別表四）

	摘要	金額
	当期利益	58,000,000円
加	損金の額に算入した中間納付の法人税額	3,500,000
	損金の額に算入した中間納付の住民税額	2,450,000
	損金の額に算入した住民税利子割額	37,000
	損金の額に算入した納税充当金	16,200,000
	交際費等の損金不算入額	450,240
	建物減価償却超過額	150,000
	棚卸資産評価損の損金不算入額	1,600,000
	土地評価損の損金不算入額	6,000,000
算		
	小計	30,387,240

減算	納税充当金から支出した事業税等の金額	1,352,000
	備品減価償却超過額の当期認容額	126,475
	小計	1,478,475
	仮計	86,908,765
	寄付金の損金不算入額	230,695
	法人税額から控除される所得税額等	113,450
	合計・総計・差引計	87,252,910
	所得金額	87,252,910

【評価損の計算】
棚卸資産：①会社計上評価損　　　2,100,000円
　　　　　②法人税法上の適正額　　500,000円
　　　　　③損金不算入額　　2,100,000円－500,000円＝1,600,000円
土　　地：①会社計上評価損　　　6,000,000円
　　　　　②法人税法上の適正額　　　　　0円
　　　　　③損金不算入額　　　　6,000,000円

【納付すべき法人税額】
①課税所得金額　　　87,252,910円→87,252,000円（千円未満切捨）
②法人税額
　（a）年800万円以下の所得金額に対する税額
　　　　（8,000,000円×12÷12＝8,000,000円）×15％＝1,200,000円
　（b）年800万円を超える所得金額に対する税額
　　　　（87,252,000円－8,000,000円×12÷12＝79,252,000円）×23.2％
　　　　＝18,386,464円
　（c）法人税額合計
　　　　1,200,000円＋18,386,464円＝19,586,464円
③差引所得に対する法人税額
　　　19,586,464円－113,450円＝19,473,014円→19,473,000円（百円未満切捨）
④納付すべき法人税額
　　　19,473,000円－3,500,000円＝15,973,000円

【注】
1）法2二十，法令10。
2）法令28①一。
3）法令28③。
4）法令28①二。

5）法令29①。

6）法令29②。

7）法29①，法令31①。

8）法令30③。

9）基通5-1-1。

10）基通5-1-1の2。

11）基通5-1-3。

12）基通5-1-4。

第6章　固定資産

6-1. 減価償却の意義

　法人税法では，減価償却費として各事業年度の所得金額の計算上損金に算入する金額はその年度で償却費として損金経理した金額のうち，法人税が選定した法定の償却方法にもとづいて計算した金額に達するまでの金額である。

　会社は会社計算規則にもとづき，事業年度末に相当の償却をしなければならない。法人税法では，その法人の損金経理額のうち，法定償却限度額を限度として損金に算入する。したがって，法人のおこなう会計処理としての減価償却費の金額と，税法上の損金算入の金額が合わないこともありうる。法人の損金経理した金額が法定償却限度額を超過する場合には，その超える金額は償却超過として損金不算入とされ，所得に加えられる。一方，損金経理した金額が法定償却限度額以下のときは，その不足額は償却不足として，将来に損金算入が繰延べられることになる。ゆえに，損金算入される減価償却費の計算には，まず，法定の償却限度額を計算することが必要となる。なお，減価償却計算に関する詳細な方法については，企業会計原則，企業会計基準，会社計算規則にも，具体的に示されていないことから，会計実務では，1つの指針として税法の減価償却に関する詳細で具体的な計算規定が用いられている。したがって，税法の減価償却限度額に損金経理額を一致せしめて償却の計上がおこなわれ，償却限度額が相当の償却をなしたかどうかの判断の重要な一基準とされる場合が多い。

> 例題6-1　X法人が損金経理により計上した減価償却費は2,000,000円である。
> 　　　　　法人税法上の償却限度額は1,800,000円である。

　この場合，償却超過額200,000円（2,000,000円－1,800,000円）は，法人税の計算で損金不算入とされ，X法人の当期利益に加算される（別表四加算）。

6-2. 平成19年度減価償却改正

平成19年度税制改正より設備投資の促進と国際競争力の強化の観点から，減価償却制度は抜本的な見直しがなされている。

6-2-1. 残存価額の廃止

平成19年4月1日以後に取得された減価償却資産について従前の残存価額（取得価額の10％）および償却可能限度額（取得価額の95％相当額）が廃止され，残存価額は1円まで償却できるようになっている。

6-2-2. 定額法，定率法，生産高比例法の計算方式の変更

新たな計算の仕組みを反映した減価償却の算式が，定額法，定率法，そして生産高比例法等に定められている。定率法償却率が定額法償却率の原則250％に設定されたことから，定率法により早期段階に多額の償却をおこなうことが可能になった。

6-2-3. 平成19年3月31日以前に取得された減価償却資産の取扱い

平成19年3月31日以前に取得された減価償却資産については，従前の償却計算の仕組みが維持され，償却方法の名称も旧定額法，旧定率法，そして旧生産高比例法等と変更されている。なお，取得価額の95％相当額まで到達している減価償却資産についてはその後5年間で残存価額1円まで償却できることになった。

6-3. 固定資産と税務処理

固定資産とは，使用の目的をもって所有される財貨で，その用役が長期にわたるものをいう。土地等を除く固定資産では，その使用，時間の経過，陳腐化等によって，その価値が減少する。かような固定資産の価値の減少を減価償却といい，それに伴い生じる費用を減価償却費と呼ぶ。固定資産は長期間にわたる費用であり，有形であれ無形であれ，それが将来に収益をもたらす効果を有するとすれば，その収益に対応して費用化される点において同じである。

固定資産のうち，土地，電話加入権，建設仮勘定等の償却しない資産を非償

却資産といい，非償却資産を除いたものを減価償却資産という。

6-3-1. 法人税法上の固定資産

法人税法において固定資産とは①土地②減価償却資産③電話加入権④①②③に準ずる資産のことである[1]。

6-3-2. 減価償却資産

減価償却資産のうち，有形のものを有形減価償却資産といい，次の①建物及びその附属設備②構築物③機械及び装置④船舶⑤航空機⑥車両及び運搬具⑦工具，器具及び備品が該当する。

一方，形のない減価償却資産を無形減価償却資産といい，その主要項目には次の①鉱業権②漁業権③ダム使用権④水利権⑤特許権⑥実用新案権⑦意匠権⑧商標権⑨ソフトウエア⑩営業権（のれん），そして⑪専用側線利用権等が該当する。また，そのほか，生物として，次の①牛，馬等②かんきつ樹，りんご樹等③茶樹，オリーブ樹等が含まれる。

6-3-3. 少額の減価償却資産[2]

減価償却資産で，使用可能期間が1年未満であるもの，または取得価額が10万円未満であるものは，事業の用に供した日の属する事業年度において損金経理したときは，減価償却資産とせず，その年度の損金に算入される[3]。

なお，以前は少額の減価償却資産は20万円未満であったが，平成10年度税制改正によって，少額減価償却資産基準が20万円未満から10万円未満に引き下げられている。しかしながら，取得価額20万円未満の減価償却資産については，事業年度ごとに，一括して3年間で償却できる方法（一括償却資産の損金算入制度）が選択できる[4]。

6-4. 固定資産の取得価額

購入した固定資産の場合，取得価額は①その資産の購入代価（引取運賃，荷役費，運送保険料，購入手数料，関税等の費用があればこれを加算する）と②その

資産を事業の用に供するために直接要した費用の額の合計額である。

　自己が建設，製作または製造した固定資産の場合，①自己が建設，製作または製造のために要した原材料費，労務費および経費の額と②その資産を事業の用に供するために直接要した費用の額の合計額である[5]。

　なお，固定資産の取得価額に関する取扱いの例として次の4つがある。①固定資産を取得するための借入金の利子および割賦購入資産の利息相当部分は，固定資産の取得価額に算入しないことができる[6]。②固定資産の取得に関連して支出する不動産取得税または自動車取得税等は，固定資産の取得価額に算入しないことができる[7]。③土地，建物等の取得に際して支払う立退料等，土地，建物等の取得価額に算入する[8]。そして④土地とともに取得した建物等の取壊し費等は，その土地の取得価額に算入する[9]。

6-5. 減価償却資産の残存価額等

　平成19年度税制改正では，改正前の残存価額や償却可能限度額が廃止され残存簿価1円とされた。平成19年度改正年度前取得資産と改正年度後取得資産については，それぞれ計算要素が別に定められている。

6-5-1. 平成19年3月31日以前取得資産の場合

　平成19年3月31日以前取得の減価償却資産の場合，旧定額法や旧定率法等が適用される。その場合の計算要素は次のとおりである[10]。

取得価額×残存割合＝残存価額

有形減価償却資産の残存価額	10%
無形減価償却資産，鉱業権および坑道の残存価額	0%

　なお，有形減価償却資産が耐用年数を経過して残存価額に達した後，償却累計額が取得価額の95％に達するまで償却を継続できる[11]。また，償却累計額が95％に達した資産については，残存簿価1円に達するまで60カ月にわたって，償却できる。

6-5-2. 平成19年 4 月 1 日以後取得資産の場合

　定額法や定率法等が適用される減価償却資産については，計算要素は次のとおりである。有形減価償却資産の残存簿価は 1 円で，坑道・無形固定資産の残存簿価は 0 円である。

6-6. 耐用年数

6-6-1. 法定耐用年数

　法定償却限度額を計算する場合の耐用年数は，「減価償却資産の耐用年数等に関する省令」に定められている。すなわち「別表第 1 機械及び装置以外の有形減価償却資産の耐用年数表」，「別表第 2 機械及び装置の耐用年数表」，「別表第 3 無形減価償却資産の耐用年数表」等がそれである。なお，償却率表は別表第 7 から第10に定められている。

6-6-2. 中古資産

　中古の減価償却資産を取得した場合，法定耐用年数によらず，その用に供した時以後の使用可能期間の年数によることができる[12]。すなわち，取得した中古資産について見積耐用年数によるか法定耐用年数を適用するかは法人の任意であるが，残存耐用年数の見積りは，その事業の用に供した事業年度のみにおいておこなうことができる[13]。

①個別償却資産の残存耐用年数の見積りの簡便法を用いる場合[14]

　建物，車両及び運搬具等のように個別耐用年数が定められている中古資産を取得した場合には，その残存耐用年数を見積もることが困難であるときは，次の算式によって計算する[15]。

（a）法定耐用年数の全部を経過したもの

　　　法定耐用年数×20％＝残存耐用年数

（b）法定耐用年数の一部を経過したもの

　　　法定耐用年数－経過年数＋経過年数×20％＝残存耐用年数

> **例題6-2** 次の中古資産の見積残存耐用年数を簡便法で求めると次のように
> なる。
>
> 車両：法定耐用年数6年　経過年数2年
>
> （6年−2年）＋2年×20％＝4.4年　したがって，4年である。

②見積耐用年数によることができない中古資産の場合

　中古資産を取得して，事業の用に供するに当たって，改良等のために支出
した金額が再取得価額の50％を超えるときは，見積耐用年数ではなく，法定
耐用年数による[16]。

6-6-3. 耐用年数の短縮

　法人の有する減価償却資産が構成，材質等が特殊なものであり，その実際の
使用可能期間が法定耐用年数より著しく短い場合（おおむね10％以上短い年数）
において，納税地の所轄国税局長の承認を受けたときは，その承認された使用
可能期間を耐用年数とし償却限度額を計算できる[17]。

6-7. 平成19年3月31日以前に取得された資産の減価償却方法
6-7-1. 平成19年3月31日以前取得資産に対する旧定額法・旧定率法
①旧定額法

　この場合は，取得価額から残存価額を控除した金額に旧定額法の償却率を乗
ずることによってその償却限度額が毎年同一となるように計算する方法が用い
られる。

　（取得価額−残存価額）　×　　旧定額法の償却率
　1／耐用年数＝旧定額法の償却率

　なお，この場合，有形減価償却資産が残存価額（取得価額の10％）に達した
後に，取得価額の95％に達するまで償却を継続することができる。
②旧定率法

　旧定率法の場合は，毎年減少する未償却残高（取得価額−減価償却累計額＝帳

簿価額）に，旧定率法の償却率を乗じることで計算される。この方法では，その償却率が毎年逓減するように計算される[18]。旧定率法は比率が一定であっても，掛け合わされる対象額が年々減少するため償却限度額が減少するようになる。

旧定率法の償却限度額は，未償却残高に旧定率法の償却率を乗じて求める[19]。

なお，平成19年3月31日以前に取得された減価償却資産の旧定額法および旧定率法の償却率は次のとおりである。

図表6−1　平成19年3月31日以前に取得された減価償却資産の償却率表

耐用年数	旧定額法による償却率	旧定率法による償却率
2	0.500	0.684
3	0.333	0.536
4	0.250	0.438
5	0.200	0.369
6	0.166	0.319
7	0.142	0.280
8	0.125	0.250
9	0.111	0.226
10	0.100	0.206
・	・	・
・	・	・
・	・	・
100	0.010	0.023

出所：減価償却資産の耐用年数等に関する省令別表第9

6-7-2. 取得価額の95％償却後の処理

平成19年3月31日以前取得した減価償却資産については，償却累積額が95％に達した後，残存簿価1円に達するまで60カ月にわたって償却することができる[20]。

6-8. 平成19年4月1日以後に取得された資産の減価償却方法

6-8-1. 定額法

　この場合の定額法では，取得価額に定額法の償却率を乗ずることによりその償却限度額が毎年同じ金額になるように計算される。算式で示すならば，次のとおりである。

　取得価額×定額法の償却率＝償却限度額

　なお，定額法の償却率は次の「減価償却資産の耐用年数等に関する省令別表第8　平成19年4月1日以後に取得された減価償却資産の定額法の償却率表」に示されている。

図表6－2　定額法の償却率

1/耐用年数＝定額法の償却率

耐用年数	定額法の償却率
2	0.500
3	0.334
4	0.250
5	0.200
6	0.167
7	0.143
8	0.125
9	0.112
10	0.100
・	・
・	・
・	・
100	0.010

出所：算式にもとづき筆者が作成

6-8-2. 定率法

　定率法は，毎年，未償却残高に定率法の償却率を乗じることでその償却額が未償却残高の減少につれ毎年逓減する方法である。

（1）250％定率法

　平成19年4月1日以後で平成24年3月31日以前に取得された減価償却資産には，250％定率法が定率法を適用する場合に用いられる。なぜ250％定率法と呼ぶのかは，定額法償却率の250％で算定されているからであると考えられる。ただし，耐用年数2年については，定額法償却率0.500の250％は1.25と1を超えるため，定率法償却率は1.000とされる。

　250％定率法償却率を示すと，次のようになる。

図表6－3　250％定率法償却率

耐用年数	償却率	改定償却率	保証率
2	1.000	–	–
3	0.833	1.000	0.02789
4	0.625	1.000	0.05274
5	0.500	1.000	0.06249
6	0.417	0.500	0.05776
7	0.357	0.500	0.05496
8	0.313	0.334	0.05111
9	0.278	0.334	0.04731
10	0.250	0.334	0.04448
·	·	·	·
·	·	·	·
·	·	·	·
100	0.025	0.026	0.00546

出所：減価償却費の耐用年数等に関する省令別表第9

　定額法の償却率と250％定率法償却率の関係を示すと次のとおりである。

図表6－4　定額法の償却率と250％定率法償却率の関係

耐用年数	定額法償却率		250％定率法償却率
2	0.500		1.000
3	0.334	×250％	0.833
4	0.250	×250％	0.625

出所：定額法の償却率をもとに筆者が作成

　定率法では，年々減価償却限度額が逓減するため耐用年数終了時に未償却残高が残り減価償却が終わらない。したがって，保証率を定め，調整計算がなされる。取得価額に保証率を乗じた償却保証額に，各年度減価償却算定額（調整前償却額）が満たない年度に，期首未償却残高を改定取得価額としてそれに改訂償却率を乗じて償却限度額を算定する。つまり調整前償却額が一定額（償却保証額）以下になる年度から未償却残高を改定取得価額として，残存各年度に均等に償却限度額が算定され最終年度は残存簿価１円を残して償却する方式となる。したがって，当初は定率法償却をおこない，償却額が一定額に減少した後は，毎期定額による償却がおこなわれることになる。

(2) 200％定率法

　平成24年４月１日以後に取得された減価償却資産で定率法を適用する場合，200％定率法が適用される[21]。なぜ200％定率法と呼ぶのかは，定額法償却率の200％で算定されているからであると考えられる。

　200％定率法償却率を示すと，次のようになる。

図表６－５　200％定率法償却率

耐用年数	償却率	改定償却率	保証率
2	1.000	－	－
3	0.667	1.000	0.11089
4	0.500	1.000	0.12499
5	0.400	0.500	0.10800
6	0.333	0.334	0.09911
7	0.286	0.334	0.08680
8	0.250	0.334	0.07909
9	0.222	0.250	0.07126
10	0.200	0.250	0.06552
・	・	・	・
・	・	・	・
・	・	・	・
100	0.020	0.026	0.00742

出所：減価償却費の耐用年数等に関する省令別表第10

定額法の償却率と200％定率法償却率の関係を例示すれば，次のようになる。

図表6−6　定額法の償却率と200％定率法償却率の関係

耐用年数	定額法償却率		200％定率法償却率
2	0.500	×200％	1.000
3	0.334	×250％	0.667
4	0.250	×250％	0.500

出所：定額法の償却率をもとに筆者が作成

6-8-3. 生産高比例法

　生産高比例法とは，生産高に比例して減価償却をおこなうものであり，1単位当たりの償却限度額は，（取得価額）を（当該資産の耐用年数の期間内における採掘予定数量）で除して求める。また，当該事業年度の償却限度額は，（1単位当たりの償却限度額）に当該事業年度の実際採掘量を乗じて求める。

6-9. 償却方法の選択等

　これまでの内容を踏まえて，日本における企業が償却方法をいかように選定することができるかを示すと次のとおりである。

6-9-1. 償却方法の選択[22]

　建物の場合，平成10年3月31日以前取得分には，旧定額法または旧定率法から償却方法を用いることができる。また，平成10年4月1日以後取得分については，旧定額法のみが，同じく平成19年4月1日以後取得分も定額法のみが適用される。

　建物以外の有形減価償却資産については，平成19年3月31日以前取得分には，旧定額法または旧定率法から償却方法を用いることができる。平成19年4月1日以後取得分については，定額法または定率法から選択適用できる。

　なお，平成19年4月1日以後取得分に対する定率法については，先述のように平成24年3月31日以前取得分には250％定率法を，平成24年4月1日以後取得分には200％定率法が適用される。なお，法人が償却方法の届出をしなかっ

た場合には，法定償却方法として旧定率法，定率法によらなければならないことになっている[23]。

また，無形固定資産については，平成19年3月31日以前取得分については，旧定額法が適用され，平成19年4月1日以後取得分には定額法が適用される。

図表6-7は，以上の内容をまとめたものである。

図表6-7　減価償却方法

資産区分		平成19年3月31日以前取得資産	平成19年4月1日以後取得資産
建物	平成10.3.31以前取得分	旧定額法　旧定率法	定額法
	平成10.4.1以後取得分	旧定額法	
有形減価償却資産		旧定額法　旧定率法	定額法　定率法
鉱業用減価償却資産		旧定額法　旧定率法　旧生産高比例法	定額法　定率法　生産高比例法
鉱業権		旧生産高比例法	生産高比例法
無形減価償却資産		旧定額法	定額法
		法定償却法（届出なき場合）	
有形減価償却資産（建物以外）		旧定率法	定率法
鉱業用減価償却資産・鉱業権		旧生産高比例法	生産高比例法

（注）定率法：平成24.3.31以前取得分250%定率法，
　　　平成24.4.1以後取得分200%定率法
出所：中田（2015，p.56）

6-9-2. 償却方法の届け出と変更

法人は，（a）新たに設立した法人設立の日または（b）設立後すでによるべき償却の方法を選定している減価償却資産以外の資産を取得した法人のその資産を取得した日の属する事業年度の確定申告期限（仮決算にもとづく中間申告書を提出するときはその申告期限）までに，そのよるべき償却方法を書面により納税地の所轄税務署長に届け出なければならない[24]。

また，減価償却方法を変更する場合は，納税地の所轄税務署長の承認を受けなければならない。この承認を受けるためには，その新たな償却方法を採用し

ようとする事業年度開始の日の前日までに，その旨，変更しようとする理由等を記載した申請書を，納税地の所轄税務署長に提出しなければならない。

この場合，税務署長は，その申請書を提出した法人が現によっている償却方法を採用してから相当期間を経過していないとき，または，変更しようとする償却の方法によっては各事業年度の所得の金額の計算が適正におこなわれ難いと認めるときはその申請を却下することができる。なお，変更しようとする事業年度終了日までに，その申請につき承認または却下の処分がなかったときは，その日において，その承認があったものとみなされる[25]。

図表6-8は，日本公認会計士協会による調査結果である。旧定率法と旧定額法の併用を多くの企業は用いている。

図表6-8 減価償却方法の選択

旧定率法	23
旧定額法	17
旧定率法と旧定額法の併用	251
その他の方法と旧定率法の併用	3
その他の方法と旧定率法・旧定額法の併用	6
合計	300

出所：日本公認会計士協会（2007, p.252）の一部修正

例題6-3

次の資料により，当期（自平成30年4月1日至平成31年3月31日）における償却限度額を計算すると次のようになる。

【資料】
①建物　償却方法　定額法　　　　取得日　　平成18年8月4日
　　　　取得価額　36,0000,000円　期末償却前帳簿価額　22,845,600円
　　　　法定耐用年数　24年　　　旧定額法償却率　0.042
②機械　償却方法　定率法　　　　取得日　　平成24年10月6日
　　　　取得価額　12,000,000円　期末償却前帳簿価額　6,912,000円
　　　　法定耐用年数　10年　　　200%定率法償却率　0.200
③特許権　償却方法　定額法　　　取得日　　平成27年4月2日
　　　　取得価額　6,000,000円　期末償却前帳簿価額　5,250,000円
　　　　法定耐用年数　8年　　　定額法償却率　0.125

①建物　：36,000,000円×0.9×0.042＝1,360,800円
②機械　：6,912,000円×0.200＝1,382,400円
③特許権：6,000,000円×0.125＝　750,000円

6-10. 減価償却資産の償却限度額等

　企業が計上する損金経理額と税法上の償却限度額は必ずしも一致するものではない。そこで，さまざまなケースにおいて考察してみよう。

6-10-1. 損金経理額と一致する場合

　各事業年度の償却限度額は，その資産について法人が採用している償却方法にもとづいて計算した金額である。償却限度額と企業が計上する損金経理額が同じ場合には，税務計算と帳簿計算が一致しており問題は生じない。

6-10-2. 損金経理額と一致しない場合

　償却限度額と損金経理額が一致しない場合には，(a) 税法の償却限度額以上の金額で減価償却費を損金経理する場合かまたは (b) 損金経理した減価償却費が償却限度額に満たない場合が考えられる。

　(a) 税法の償却限度額以上の金額で減価償却費を損金経理する場合，その超過額は損金不算入となり，翌期以降に期末帳簿価額に償却超過額を加えた金額を，税務上の帳簿価額とみなして計算する[26]。もし，定額法のならば，毎期の償却限度額に変化はないが，一方，定率法の場合には，償却限度額が変化する。

　定率法で償却超過のある場合の翌期以降の償却限度額の計算は次のとおりである。

（期首帳簿価額＋繰越償却超過額）　×　定率法の償却率＝償却限度額

　(b) 損金経理した減価償却費が償却限度額に満たない場合，減価償却費の計上額を決めるのは法人の任意であること，そして税法は最高限度額としての償却限度額を定めているにすぎないことから，損金経理がおこなわれていない償却不足の金額は，当然損金とはならない。この場合の償却不足はその期に

おいて打ち切られ，実質的に償却期間が延長されることになる。なお，定率法は，償却不足を考慮しないで，帳簿価額を対象として計算がおこなわれる。

例題 6 - 4

　次の資料により，当期（自平成30年 4 月 1 日至平成31年 3 月31日）における償却限度額を計算すると次のようになる。

【資料】
　①建物　　償却方法　定額法　　　　　　取得日　　平成24年10月 6 日
　　　　　　取得価額　60,0000,000円　　　期末償却前帳簿価額　48,960,000円
　　　　　　繰越償却超過額　1,380,000円
　　　　　　法定耐用年数　22年　　　　　定額法償却率　　　0.046
　②車両　　償却方法　定率法　　　　　　取得日　　平成27年 7 月 7 日
　　　　　　取得価額　3,600,000円　　　 期末償却前帳簿価額　2,600,000円
　　　　　　繰越償却超過額　　100,900円
　　　　　　法定耐用年数　 6 年　　　　 200%定率法償却率　　0.333
　①建物　：60,000,000円×0.046＝2,760,000円
　②機械　：(2,600,000円＋100,900円)×0.333＝899,399円

例題 6 - 5

　繰越償却超過額があり，また，当期に償却不足額が生ずる場合には，次のいずれか少ない金額が損金として認容される。
①償却限度額－当期償却費計上額＝償却不足額
②繰越償却超過額
　次の資料にもとづき，Ｙ社の当期（自平成28年 4 月 1 日至平成31年 3 月31日）における減価償却超過額または減価償却超過額の当期認容額を計算すると次のようになる。

【資料】
　1. 当期において損金経理により償却費を計上した減価償却資産

資　産	取得日・事業供用日	取得価額	期首帳簿価額	当期償却費	法定耐用年数
建　物	H. 25. 7.11	660,000円	580,510円	33,000円	22年
車　両	H. 26.12. 8	600,000円	353,400円	110,000円	6 年

①建物については前期以前において償却不足額が4,000円生じている。
②車両については繰越償却超過額が2,378円生じている。

2. 償却率

償却方法＼耐用年数	6 年	22年
定額法	0.167	0.046
200%定率法	0.333	0.091

建物：会社計上償却費　　　　33,000円
　　　償却限度額　　660,000円×0.046＝30,360円
　　　償却超過額　　33,000円－30,360円＝2,640円
車両：会社計上償却費　　　　110,000円
　　　償却限度額　　（600,000円＋2,378円）× 0.333 ＝ 200,592円
　　　認容額　　　　90,592円＞2,378円　　　したがって2,378円

6-10-3. 事業年度の中途で事業の用に供した減価償却資産の償却限度額

　減価償却資産を事業年度の中途で取得し，事業用に供した場合，月割按分で償却限度額を計算する。算式は次のとおりである[27]。

　定額法の月割額は，（取得価額）に（定額法の償却率）を乗じてさらに（事業の用に供した月数/事業年度の月数）を乗じて求める。

　定率法の月割額は，（未償却残高）に（定率法の償却率）を乗じてさらに（事業の用に供した月数/事業年度の月数）を乗じて求める。

例題6-6

　次の資料により，償却限度額を計算すると，次のようになる。なお，償却方法は建物及び機械装置については定額法，その他の資産については定率法を選定している。当期：（自平成28年4月1日至平成29年3月31日）

種類細目	事業供用年月日	取得価額	期末償却前帳簿価額	法定耐用年数
建物	平成28年12月26日	9,000,000円	9,000,000円	24年
機械装置	平成28年6月4日	1,800,000円	1,800,000円	8 年
車両運搬具	平成29年2月14日	720,000円	720,000円	5 年

〈償却率〉

耐用年数 償却方法	5 年	8 年	24年
定額法	0.200	0.125	0.042
200%定率法	0.400	0.250	0.083

建　　物　：9,000,000円×0.042× 4 カ月÷12カ月＝126,000円
機械装置　：1,800,000円×0.125×10カ月÷12カ月＝187,500円
車両運搬具： 720,000円×0.400× 2 カ月÷12カ月＝ 48,000円

例題 6 - 7

　次の資料にもとづき，税務上最も有利になるように償却限度額を，計算過程を示して計算すると次のようになる。なお，当該会社は，青色申告法人ではなく，第10期（（自平成28年 4 月 1 日至平成29年 3 月31日）事業年度における減価償却であり，建物については定額法を，それ以外の有形減価償却資産には定率法を選定して届出ている。

【資料】

建物　　　　　事業に用に供した年月日　平成25年10月24日
　　　　　　　取得価額　54,000,000円　期首帳簿価額　49,755,000円
　　　　　　　耐用年数　38年　償却率：定額法0.027　定率法0.066
　　　　　　　償却超過額60万円ある。

機械装置X　　事業に用に供した年月日　平成24年 9 月20日
　　　　　　　取得価額　19,200,000円　期首帳簿価額　6,022,746円
　　　　　　　耐用年数　7 年　償却率：定額法0.143　定率法0.286
　　　　　　　償却不足額20万円ある。

機械装置Y　　事業に用に供した年月日　平成28年 6 月10日
　　　　　　　取得価額　12,600,000円　期首帳簿価額　12,600,000円
　　　　　　　耐用年数　8 年　償却率：定額法0.125　定率法0.250

車両運搬具X事業に用に供した年月日　平成27年 1 月 4 日
　　　　　　　取得価額　6,000,000円　期首帳簿価額　3,268,834円
　　　　　　　耐用年数　6 年　償却率：定額法0.167　定率法0.333
　　　　　　　償却超過額40万円ある。

車両運搬具Y事業に用に供した年月日　平成28年12月 8 日
　　　　　　　取得価額　4,800,000円　期首帳簿価額　4,800,000円
　　　　　　　耐用年数　5 年　償却率：定額法0.200　定率法0.400

器具備品　　　事業に用に供した年月日　平成28年10月 6 日

取得価額　95,000円　期首帳簿価額　95,000円
耐用年数　4 年　償却率：定額法0.250　定率法0.500
建物：54,000,000円×0.027＝1,458,000円
機械装置Ｘ：6,022,746円×0.286＝1,722,505円
機械装置Ｙ：12,600,000円×0.250×10カ月÷12カ月＝2,625,000円
車両運搬具Ｘ：(3,268,834円＋400,000円)×0.333＝1,221,721円
車両運搬具Ｙ：4,800,000円×0.400×4 カ月÷12カ月＝640,000円
器具備品：95,000円＜100,000円　したがって95,000円

例題6－8

　次の資料にもとづき，減価償却超過額または減価償却超過額の当期認容額を計算すると次のようになる。なお，当該会社は，期末資本金額3億円で，当期（自平成28年4月1日至平成29年3月31日）における減価償却であり，建物については定額法を，それ以外の有形減価償却資産には定率法を選定している。

【資料】
建物　　　　取得日・事業供用日　平成23年9月9日
　　　　　　取得価額　48,000,000円　期首帳簿価額　39,200,000円
　　　　　　損金経理償却費　2,200,000円
　　　　　　耐用年数　25年
　　　　　　償却率：定額法0.042　250％定率法0.104　200％定率法0.083
車両　　　　取得日・事業供用日　平成25年12月13日
　　　　　　取得価額　3,000,000円　期首帳簿価額　1,118,890円
　　　　　　損金経理償却費　360,000円
　　　　　　耐用年数　6 年
　　　　　　償却率：定額法0.167　250％定率法0.417　200％定率法0.333
備品　　　　取得日・事業供用日　平成29年3月4日
取得価額　1,200,000円　期首帳簿価額　-
損金経理償却費　200,000円
耐用年数　5 年
償却率：定額法0.200　250％定率法0.500　200％定率法0.400

　なお，建物には，前期以前に生じた繰越償却不足額440,000円あり，車両には，前期以前に生じた繰越償却超過額が67,630円ある。

建物：①会社計上償却費　　2,200,000円
　　　②償却限度額
　　　　48,000,000円×0.042＝2,016,000円
　　　③償却超過額

　　　　2,200,000円－2,016,000円＝184,000円
車両：①会社計上償却費　　　360,000円
　　　②償却限度額
　　　　（1,118,890円＋67,630円）×0.333＝395,111円
　　　③認容額
　　　　395,111円－360,000円＝35,111円＜67,630円したがって35,111円
備品：①会社計上償却費　　　200,000円
　　　②償却限度額
　　　　1,200,000円×0.400÷12カ月＝40,000円
　　　③償却超過額
　　　　200,000円－40,000円＝160,000円

6-10-4.　一括償却資産の損金算入制度

　平成10年度税制改正から，事業供用時に全額損金算入できる少額減価償却資産の取得価額が20万円未満から10万円未満に引き下げられた。それによる事業負担等に配慮して，取得価額が20万円未満の減価償却資産について，その全部または特定の一部を一括したもの（一括償却資産）を３年間で償却する方法が選択できるようになった[28]。一括償却資産の損金算入限度額は，（一括償却対象額）に（当該事業年度の月数/36カ月）を乗じて求める。

6-10-5.　申告調整額の計算および処理

　会社が減価償却費として損金経理した金額と法人税法上の償却限度額との差額は別表四の「加算額」または「減算額」を用いて調整することになる。

例題6-9

　次の資料により所得金額を求めると次のようになる。
【資料】
　1. 当期利益の額　　　　　　　　　　　　4,840,000円
　2. 所得金額の計算上税務調整すべき事項
　①建物減価償却超過額　　　　　　　　　　93,255円
　②器具備品減価償却超過額　　　　　　　　0,653円
　③車両減価償却超過額の当期認容額　　　　57,852円

所得金額の計算（別表四）

摘要		金額
当期利益		4,840,000円
加	建物減価償却超過額	193,255
	器具備品減価償却超過額	10,653
算	小計	203,908
減	車両減価償却超過額の当期認容額	57,852
算	小計	57,852
仮計		4,986,056
合計・総計・差引計		4,986,056
所得金額		4,986,056

例題6-10

次の資料にもとづき，当該会社の当期（自平成28年4月1日至平成29年3月31日）における所得金額を求めると次のようになる。

【資料】

1. 当期利益の額　　　　　　　　　　　　　　　　　43,092,000円
2. 所得金額の計算上税務調整すべき事項
　①損金の額に算入した中間納付の法人税額　　　　13,290,000円
　②損金の額に算入した中間納付の住民税額　　　　2,806,000円
　③損金の額に算入した納税充当金　　　　　　　　14,162,000円
　④納税充当金から支出した事業税等の金額　　　　2,950,000円
　⑤減価償却に関する事項
　　建物　　取得日・事業供用日　平成24年10月18日
　　　　　　取得価額　72,000,000円　期末帳簿価額　60,400,000円
　　　　　　損金経理償却費　2,600,000円
　　　　　　耐用年数　30年
　　　　　　償却率：定額法0.034　250%定率法0.083　200%定率法0.067
　　機械　　取得日・事業供用日　平成23年8月25日
　　　　　　取得価額　15,000,000円　期末帳簿価額　4,299,886円
　　　　　　損金経理償却費　1,000,000円
　　　　　　耐用年数　13年
　　　　　　償却率：定額法0.077　250%定率法0.192　200%定率法0.154
　　備品A　取得日・事業供用日　平成27年2月4日

　　　　　　　　取得価額　2,400,000円　期末帳簿価額　744,000円

　　　　　　　　損金経理償却費　700,000円

　　　　　　　　耐用年数　5 年

　　　　　　　　償却率：定額法0.200　250％定率法0.500　200％定率法0.400

　　　備品Ｂ　　取得日・事業供用日　平成29年 1 月11日

　　　　　　　　取得価額　3,600,000円　期末帳簿価額　3,000,000円

　　　　　　　　損金経理償却費　600,000円

　　　　　　　　耐用年数　6 年

　　　　　　　　償却率：定額法0.167　250％定率法0.417　200％定率法0.333

(a) 当該会社は，減価償却資産の償却方法についての届出はおこなっていない。

(b) 建物には，前期以前に生じた繰越償却超過額が532,000円ある。

(c) 機械には，前期以前に生じた繰越償却超過額が275,222円ある。

(d) 備品Ａには，前期以前に生じた繰越償却不足額が100,000円ある。

所得金額の計算（別表四）

	摘要	金額
	当期利益	43,092,000円
加	損金の額に算入した中間納付の法人税額	13,290,000
	損金の額に算入した中間納付の住民税額	2,806,000
	損金の額に算入した納税充当金	14,162,000
	建物減価償却超過額	152,000
	備品Ａ減価償却超過額	122,400
	備品Ｂ原価償却超過額	300,300
算	小計	30,832,700
減	納税充当金から支出した事業税等の金額	2,950,000
	機械減価償却超過額の当期認容額	70,420
算	小計	3,020,420
	仮計	70,904,280
	合計・総計・差引計	70,904,280
	所得金額	70,904,280

　建物：①会社計上償却費　　2,600,000円

　　　　②償却限度額

　　　　　72,000,000円×0.034＝2,448,000円

　　　　③償却超過額

　　　　　2,600,000円－2,448,000円＝152,000円

　機械：①会社計上償却費　　1,000,000円

　　　　②償却限度額

　　　　　（4,299,886円＋1,000,000円＋275,222円）×0.192＝1,070,420円

③認容額

1,070,420円－1,000,000円＝70,420円＜275,222円

したがって70,420円

備品Ａ：①会社計上償却費　　　700,000円

②償却限度額

（744,000円＋700,000円）×0.400＝577,600円

③償却超過額

700,000円－577,600円＝122,400円

備品Ｂ：①会社計上償却費　　　600,000円

②償却限度額

3,600,000円×0.333×3カ月÷12カ月＝299,700円

③償却超過額

600,000円－299,700円＝300,300円

6-10-6. 中小企業者等の少額減価償却資産の特例

中小企業等である青色申告書提出法人が，平成18年4月1日から令和6年3月31日までの間に，取得価額30万円未満の減価償却資産（少額減価償却資産）を取得し，その取得価額を事業供用年度に損金経理した場合には，その損金経理額を損金算入の限度額とする[29]。

6-11. 資本的支出と修繕費

6-11-1. 資本的支出

その支出が改良の性格を有し，金額も多い場合には，その年度だけの損金に算入せず，固定資産の価額に加えられる。これを資本的支出という。一方，その支出が経常的な補修や維持のためのものである場合には修繕費で処理される。資本的支出と修繕費の区分は困難であるが，税法では，①支出額のうち，その資産の取得時において通常の管理または修理をするとした場合に予測される資産の使用可能期間を，延長させる部分の金額，そして，②支出額のうち，その資産の取得時において通常の管理または修理するものとした場合に予測される，支出時におけるその資産の価額を，増加させる分の金額を資本的支出としている[30]。なお，①と②のいずれにも該当する場合は，いずれか多い金額を資本的支出とするとしている。したがって，その支出が固定資産の耐用年数を延長せ

しめ，価額を増加させる部分の金額は修繕費とせず，その固定資産の取得とする。

　なお，資本的支出の例として，①建物の避難階段の取付等物理的に付加した部分の金額②用途変更のための模様替え等改造または改装に直接要した金額③通常の取替費を超える高品質または高性能の機械部分品の金額を想定することができる[31]。この場合の建物の増築，構築物の拡張，延長等は建物等の取得に当たる。

6-11-2.　修繕費

　支出した金額が固定資産の維持管理のため，または災害等の原状回復のためのものである場合，修繕費とする[32]。維持管理等の費用とは，①建物の移えいまたは解体移築した場合の費用であるが，解体移築にあたっては，旧資材の70％以上を再使用し，従前の建物と同一規模および構造の建物を再建築するものに限る。また②機械装置の移設費用等をいう。

　なお，小額または周期の短い費用は損金算入することができる[33]。たとえば①１つの修理，改良のための費用が20万円未満の場合や②その修理，改良等がおおむね３年以内の周期でおこなわれている場合が該当する。

　また，資本的支出か修繕費であるかが不明な場合，資本的支出と修繕費の形式基準による修繕費判定として，①その金額が60万円に満たない場合や②その金額がその固定資産の前期末取得価額のおおむね10％以下である場合には，修繕費とすることができる[34]。

6-12.　特別償却

　減価償却は，定額法や定率法等の減価償却方法を用いて，毎事業年度におこなわれる。通常の減価償却費は，当該年度の益金に対する経常的な損金として差し引かれる。一方，特別償却は，通常の償却限度額を超えて，多額の減価償却費を特別に控除するものである。かような特別償却を控除する場合，償却資産取得年度の損金は増加し，所得金額が減額され，納税額が軽減される。法人が，設備投資をおこなう場合，特別償却を適用することは，租税負担を軽減し

資金の活用をより有効に可能にする働きをする。したがって，民間投資には，特別償却は重要な役割を有している。

　特別償却は，その適用当初は納税額の軽減の効果を有するものの，その後の過少償却により課税そのものの回復がなされることから，特別償却の納税額の減額部分は課税の繰延べの性質を有しており，政府による無利子の資金調達の性格をもつといえる。

6-12-1. 特別償却の分類

　特別償却には，①取得価額の一定割合を特別償却するものと，②一定年度にわたり，普通償却額を割増しするものがある[35]。①取得価額の一定割合を特別償却するものには，(a) エネルギー環境負荷低減推進設備等を取得した場合の特別償却（または法人税額の特別控除）(b) 中小企業者等が機械等を取得した場合等の特別償却 (c) 特定設備等の特別償却 (d) 医療用機器等の特別償却がある。また，②一定年度にわたり，普通償却額を割増しするものには，(a) 障害者を雇用する場合の機械の割増償却 (b) サービス付き高齢者向け賃貸住宅等の割増償却 (c) 倉庫用建物等の割増償却がある。

6-12-2. 特別償却の損金経理

　特別償却の経理方法には，①損金経理により特別償却費を減価償却資産から直接控除する方法（減価償却累計額を用いる間接法も含む）②損金経理により特別償却準備金として積立てる方法③当該事業年度の決算確定日までに剰余金の処分により特別償却準備金として積立てる方法がある[36][37]。

【注】
1）法2二十二，法令12。
2）法令13。
3）法令133。
4）法令133。
5）法令54。
6）基通7-3-1の2，7-3-2。
7）基通7-3-3の2。

8）基通 7 - 3 - 5 。

9）基通 7 - 3 - 6 。

10）耐用年数省令 6，別表11。

11）法令61①。

12）耐用年数省令 3 ①一。

13）耐通 1 - 5 - 1 。

14）　1 年未満の端数は切り捨て，年数が 2 年未満の場合は 2 年とする。

15）耐用年数省令 3 ①二。

16）耐用年数省令 3 ①，耐通 1 - 5 - 4 。

17）法令57。耐用年数短縮の事由は列挙されている（基通 7 - 3 -18）。

18）法令48。

19）　$1-$耐用年数$\sqrt{\dfrac{残存価額}{取得価額}}=$旧定率法の償却率

20）法令61②。

21）法令48の 2 。

22）法令48，48の 2 。

23）法31，法令53。

24）法令51②。

25）法令52。

26）法令62。

27）法令59①。

28）法令133の 2 ①。

29）措法67の 5 ①。

30）法令132。

31）基通 7 - 8 - 1 。

32）基通 7 - 8 - 2 。

33）基通 7 - 8 - 3 。

34）基通 7 - 8 - 4 。

35）措法42の 5 ～52。

36）特別償却準備金に積立不足額が生じた場合，不足額発生年度終了日の翌日以降 1 年以内に終了する各事業年度に，その不足額を損金経理または利益処分の方法により，特別償却準備金として積立てることができる。

37）①特別償却資産を有しなくなったとき②合併・分割型分割（適格合併等を除く）によって特別償却資産を移転したとき，そして③特別償却準備金を取り崩した場合には，特別償却準備金は益金に算入される（特別償却準備金を取り崩した場合には取崩額が益金に算入される）。

第7章　給　与

7-1.　役員給与 [1]

　会社法が2006（平成18）年に施行される以前は，役員報酬は定期的に支給されることから費用処理されていたのに対し，役員賞与は利益処分項目として利益処分案（利益処分計算書）に記載されていた。会社法では，取締役の報酬や賞与は，職務執行の対価として費用処理されることになった [2]。

　税法では，従来では，役員報酬を損金として処理し，役員賞与については損金不算入としていた。しかしながら，かような会社法の施行に伴い，大きく変貌を遂げている。

7-1-1.　役員給与で損金算入される場合 [3]

　法人が当該役員に対して支給する給与（退職給与等を除く）について，①定期同額給与②事前確定届出給与そして③利益連動給与は，損金に算入される [4]。①定期同額給与とは，支給時期が１月以下の一定の期間ごとであり，かつその事業年度内各支給時期における支給額が同額である給与（会計期間開始日から３月経過までに改定された場合および経営状況の著しい悪化により減額改定された場合で，改定前各支給時期の支給額が同額，改定以後各支給時期の支給額が同額である定期給与も含む）をいう。②事前確定届出給与とは，所定の時期に確定額を支給する旨の定めにもとづいて支給する給与で，所轄税務署長に事前届出（事前確定給与に関する株主総会等の決議日から１月を経過するまで）をしているものをいう。③利益連動給与とは，非同族会社である法人が業務を執行する役員に対して支給する，利益に関する指標を基礎として算定される給与（算定方法が報酬委員会での決定等の手続を経ており，かつ，有価証券報告書への記載等による内容開示がされていること）をいう。

7-1-2. 役員給与で損金不算入の場合

役員給与のうち①定期同額給与・事前届出給与・利益連動給与以外の役員給与②役員給与のうち，不相当な高額な部分の金額そして③仮装経理することにより支給するものは，損金に算入されない[5]。

7-2. 役員退職給与 [6][7]

役員に対する退職給与は原則として損金に算入される。しかしながら，役員退職給与のうち不相当に過大な部分の金額は損金に算入されない[8]。

かような過大な役員退職給与の金額とは，役員の業務従事期間，退職の事情，同業類似規模の他法人の支給状況等に照らして，支給した退職級の金額のうち，退職給与として相当であると認められる金額を超える金額をいう[9]。

7-3. 役員の経済的利益

役員給与には，債務の免除による利益やその他の経済的利益が含まれる。この場合，現金で支給されなくても，それと同様の経済的効果をもたらす利益は，その実態に応じて役員給与に含められる。

7-4. 使用人給与等の損金算入に対する規制

使用人に対する給料，賞与[10]，そして退職給与[11] は，損金に算入される。これらは，従業員である使用人の労働力の提供に対する対価として支払われるもので，それらは定期的に，臨時的にまたは退職を理由としておこなわれる。しかしながら，役員と特殊関係にある使用人（役員の親族等）に対する給与および退職給与のうち，その職務についての対価として相当と認められる金額を超える場合には，かような不相当な部分の金額は損金に算入されない。

7-5. 使用人兼務役員 [12]

使用人兼務役員とは，使用人としての職務を有する役員である。役員のうち，部長，課長その他使用人である職務上の地位を有しており，常時使用人としての職務に従事するものとされる[13]。かような場合，使用人兼務役員の使用人分

給与は損金に算入される。使用人分給与のうち使用人分賞与については，他の使用人に対する賞与支給時期と異なる時期に支給したものについては，過大役員給与額として損金に算入されない[14]。

例題7-1

　次の資料により所得金額を求めると次のようになる。

【資料】

1. 当期利益の額　　　　　　　　　　　　　70,000,000円
2. 所得金額の計算上税務調整すべき事項
　　①損金の額に算入した中間納付の法人税額　16,000,000円
　　②損金の額に算入した中間納付の住民税額　　4,000,000円
　　③損金の額に算入した住民税利子割額　　　　　150,000円
　　④損金の額に算入した納税充当金　　　　　23,000,000円
　　⑤法人税額から控除される所得税額等　　　　　450,000円
　　⑥納税充当金から支出した事業税等の金額　　4,600,000円
　　⑦役員給与の損金不算入額　　　　　　　　　3,350,000円
　　⑧役員退職給与の損金不算入額　　　　　　　5,000,000円
　　⑨減価償却超過額の当期容認額　　　　　　　　620,000円

所得金額の計算（別表四）

	摘要	金額
	当期利益	70,000,000円
加	損金の額に算入した中間納付の法人税額	16,000,000
	損金の額に算入した中間納付の住民税額	4,000,000
	損金の額に算入した住民税利子割額	150,000
	損金の額に算入した納税充当金	23,000,000
	役員給与の損金不算入額	3,350,000
	役員退職給与の損金不算入額	5,000,000
算	小計	51,500,000
減	納税充当金から支出した事業税等の金額	4,600,000
	減価償却超過額の当期認容額	620,000
算	小計	5,220,000
	仮計	116,280,000
	合計・総計・差引計	116,280,000
	所得金額	116,280,000

【注】

1）役員とは，①取締役②執行役③会計参与④監査役⑤理事⑥監事⑦清算人⑧使用人以外の者で，その法人の経営に従事している者（相談役，顧問その他これらの類する者で，その法人内における地位，そのおこなう職務等からみて，他の役員と同様に実質的に法人の経営に従事していると認められる者）⑨同族会社の使用人のうち，(a) 持株割合が同族会社の判定基準である50％を超える場合における，上位 3 位以内の株主グループに属していること（b）その使用人の属する株主グループの，その会社に係る持株割合が10％を超えていること（c）その使用人の，その会社に係る持株割合が 5 ％を超えていること，の要件をすべて満たしている者で，その会社の経営に従事している者をいう。

2）会361。

3）法34①。

4）法令69①，会404③。

5）法34①，法34②，法34③。

6）退職した役員に対する退職給与の額の損金算入の時期は，株主総会の決議等により，当該額が具体的に確定した日の属する事業年度とされる。ただし，法人が，当該退職給与の額を支給した日の属する事業年度において，当該支給した額について損金経理した場合には，その処理が認められる。

7）役員の分掌変更または改選による再任等にさいし退職給与を支給する場合があるが，その場合には，分掌変更等により役員としての地位または職務内容が激変し，実質的に退職したと同様の事情にあると認められるならば，退職給与として認められる。

8）法34②。

9）法令70二。

10）法人が使用人に対して支給する賞与（使用人兼務役員の使用人分賞与を含む）の額は，次の事業年度に損金算入する。①労働協約・就業規則により定められる支給予定日が到来している賞与は，「支給予定日」または「支給額の通知日」のいずれか遅い日の属する事業年度であり，②（a）支給額を，各人別に，かつ，同時期に，支給を受ける全使用人に通知していること（b）通知日の属する事業年度末の翌日から 1 月以内に支払っていること（c）通知日の属する事業年度に支給額につき損金経理していることをすべて満たす賞与は，使用人に支給額を通知した日の属する事業年度であり，①と②以外に掲げる以外の賞与は支給日に属する事業年度である。

11）法人が，中小企業退職金共済制度または適格退職年金制度への移行や，定年の延長等に伴い，退職給与規程を制定または改正し，使用人に対し退職給与を打切支給した場合に，その支給について相当の理由があり，かつ，その後は既往の在職年数を加味しないこととしているときは，その支給した退職給与の額は，その支給事業年度の損金に算入する。しかしながら，法人が退職給与を打切支給したこととして未払金等で処理した場合には適用されない。また，法人の使用人が当該法人の役員となったさいに，当該法人が退職給与規程にもとづき使用人であった期間に係る退職給与の金額を支給した場合には，支給事業年度の損金に算入される。

12) 使用人兼務役員は，取締役総務部長，取締役販売部長等，使用人である職制上の地位を有しており，さらに使用人としての職務に常勤していることが必要である。ゆえに，取締役総務担当等のように，使用人としての職制上の地位でなく，特定部門の職務を総括している場合や，非常勤役員は，使用人兼務役員に該当しない。

13) 法34⑤。

14) 法令70三。

第8章　交際費等

8-1.　交際費等の意義

　交際費等とは，交際費，接待費，機密費等の費用で，法人が，その得意先，仕入先その他事業に関係する者等に対する接待，きょう応，慰安，贈答等の行為のために支出するものをいう[1]。企業の交際費は，一般に取引先との人的関係の形成，維持または強化を通じて販売の拡張や取引の円滑化を図るために支出事業遂行上の必要な経費で，広告宣伝費と並ぶ代表的な販売促進費の一項目であることから，従業員の慰安のための運動会や旅行費の費用は交際費にあたらない[2]。

8-2.　交際費等に対する税制上の規制

　交際費等に関する税制は，企業の冗費を抑制し，自己資本の充実を図るために一定額を超える金額を損金不算入として，企業の交際費等を抑えようとするものである。交際費等の金額は，財務会計では損益計算書上で費用となるものであることから，税法上の交際費等損金不算入額は，申告調整により当期純利益に加算され所得金額が算定されることになる。

　交際費等に対しては，質的規制と量的規制の二重の規制が課せられていると考えられる。先ず，質的規制であるが，それは，基本税制における税務会計上の一般的ルールによる規制であり，損金性をもち得る交際費・機密費・接待費等の費用は，支出の事実や費途が明らかなものであり，かつ，その費途が事業に関係するものでなければならない，とするその支出内容に対する規制である。次に量的規制であるが，これは，政策税制における租税特別措置法上からの規制であり，法人が支出した交際費等について，所定の方式で算出した金額の損金控除を認めないとするその支出金額に対する規制である。

　かような交際費課税の基本的思考は，大企業については接待飲食費の50％を

超える部分の金額を損金不算入とし，中小企業に関しては，その租税負担を考慮して中小法人等の定額控除限度額を超過する金額を損金不算入にするということである。

　法人は支出する交際費等の金額が，以下の通り損金に算入されない。

①期末資本金1億円超の法人の場合（大企業）

　交際費等の額のうち接待飲食費の額の50％を超える部分の金額

②期末資本金1億円以下の法人（中小企業）

　定額控除限度額（中小法人等の定額控除限度額）800万円×（事業年度の月数/12）を超える部分の金額（なお，①の金額を選択することもできる）

8-3．　交際費等の範囲

　交際費等の損金不算入の計算では，交際費等に対する質的規制にあるようにどの費用を交際費等とし，または交際費等としないかは重要である。税法では，一般に交際費といわれているものよりも範囲が広い。交際費，接待費または機密費以外の科目でもその科目の名称にかかわらず，当該費用の内容により，実質的に交際費等であるかどうかを判定する。

　交際費等に含まれる費用の代表的なものとして，①会社の何周年記念または社屋新築記念品,または社屋新築記念における宴会費，交際費および記念品代等②下請工場，特約店，代理店等となるため，またはするための運動費等の費用③得意先，仕入先等社外の者の慶弔，禍福にさいし支出する金品等の費用などがあげられる[3]。一方，交際費等に含まれない費用として，①もっぱら従業員の慰安のためにおこなわれる運動会，演芸会，旅費等②カレンダー，手帳，扇子，手ぬぐいその他これらに類する物品を贈与するために通常要する費用③会議に関連して，茶菓，弁当その他これらに類する飲食物を供与するために通常要する費用④新聞，雑誌等の出版物または放送番組を編集するためにおこなわれる座談会その他記事の収集のために，または放送のための取材に通常要する費用⑤1人当たり5,000円以下の飲食その他これに類する行為のために要する費用（役員，従業員またはこれらの親族に対するものを除く）[4]があげられる[5]。

例題 8 - 1

　次の資料の費用について税務上の交際費等に該当するものと該当しないものとに区分して，税務上の交際費等の金額を計算する場合，次のようになる。

【資料】

①得意先に対する慶弔費　　　　　　　　　　　500,000円

②当社20周年記念パーティーにおける宴会費，
　交通費及び記念品代　　　　　　　　　　　2,400,000円

③得意先を旅行に招待した費用　　　　　　　　600,000円

④会議における飲食費用で通常要するもの　　　320,000円

⑤得意先接待等のための飲食費用
　（１人当たりの支出額が5,000円以下のものはない。）　1,200,000円

⑥従業員に対する慶弔費（一定の基準によるもの）　240,000円

　　　この場合，④と⑥を除く①②③⑤が交際費等に該当する。したがって，税務上の交際費等の金額は，500,000円＋2,400,000円＋600,000円＋1,200,000円＝4,700,000円である。

例題 8 - 2

　次の資料に掲げるＸ社とＹ社の交際費等の損金不算入額を計算する場合，次となる。

【資料】

　Ｘ社：事業年度1年　資本金額5,000万円
　　　　支出交際費等の額　900万円（うち320万円は飲食費用の額）

　Ｙ社：事業年度１年　資本金額２億円
　　　　支出交際費等の額1,400万円（うち860万円は飲食費用の額）

　Ｘ社：

①支出交際費等の額　　　　　　　9,000,000円

②定額控除限度額　　　　　　　　8,000,000円×12÷12＝8,000,000円

③損金算入限度額　　　　　　　　3,200,000円×50%
　　　　　　　　　　　　　　　　＝1,600,000円＜8,000,000円
　　　　　　　　　　　　　　　　したがって8,000,000円

④損金不算入額　　　　　　　　　9,000,000円－8,000,000円＝1,000,000円

　Ｙ社：

①支出交際費等の額　　　　　　　14,000,000円

③損金算入限度額　　　　　　　　8,600,000円×50%＝4,300,000円

④損金不算入額　　　　　　　　　14,000,000円－4,300,000円
　　　　　　　　　　　　　　　　＝9,700,000円

例題8-3

次の資料により当期（自平成28年4月1日至平成29年3月31日）における交際費等の損金不算入額を計算する場合，次のようになる。

【資料】

①期末資本金額　　65,000,000円

②当期において損金経理により交際費勘定に計上した金額の内訳は次のとおりである。

（a）得意先を旅行に招待した費用　2,400,000円

（b）取引先接待のための飲食費用　2,280,000円

　　なお，1人当たり5,000円以下のものは含まれていない。

（c）得意先に対する慶弔費　　　　220,000円

（d）その他の交際費　　　　　　3,600,000円

　　（税法上の交際費等に該当する。）

①支出交際費等の額

（ⅰ）飲食費　　　　　2,280,000円

（ⅱ）その他　　　　　2,400,000円＋220,000円＋3,600,000円
　　　　　　　　　　＝6,220,000円

（ⅲ）合計　　　　　　2,280,000円＋6,220,000円＝8,500,000円

②定額控除限度額　　　8,000,000円×12÷12＝8,000,000円

③損金算入限度額　　　2,280,000円×50%
　　　　　　　　　　＝1,140,000円＜8,000,000円
　　　　　　　　　　したがって8,000,000円

④損金不算入額　　　　8,500,000円－8,000,000円＝500,000円

例題8-4

次の資料にもとづき，D社の第18期事業年度（自平成30年4月1日　至平成31年3月31日）の確定申告により納付すべき法人税額を計算する場合，次のようになる。

【資料】

1. 期末現在資本金額　　　　　　　　　　85,000,000円

2. 当期利益の額　　　　　　　　　　　　70,000,000円

3. 所得金額の計算上税務調整すべき事項

①損金の額に算入した中間納付の法人税額　16,000,000円

②損金の額に算入した中間納付の住民税額　4,000,000円

③損金の額に算入した住民税利子割額　　　150,000円

④損金の額に算入した納税充当金　　　　　28,770,000円

⑤法人税額から控除される所得税額等　　　　　450,120円

⑥交際費等に関する事項

　損金経理により支出した交際費等の額は9,500,000円である。

　なお，上記金額には，1人当たり5,000円を超える飲食費用3,000,000円が含まれている。

⑦納税充当金から支出した前期分の事業税額　　2,000,000円

⑧受取配当金の益金不算入額　　　　　　　　　550,000円

⑨納税充当金から支出した事業税等の金額　　　4,600,000円

⑩減価償却超過額の当期容認額　　　　　　　　620,000円

所得金額の計算（別表四）

	摘要	金額
	当期利益	70,000,000円
加	損金の額に算入した中間納付の法人税額	16,000,000
	損金の額に算入した中間納付の住民税額	4,000,000
	損金の額に算入した住民税利子割額	150,000
	損金の額に算入した納税充当金	28,770,000
	交際費等の損金不算入額	1,500,000
算	小計	50,420,000
減	納税充当金から支出した事業税等の金額	4,600,000
	減価償却超過額の当期認容額	620,000
	受取配当金等の益金不算入額	550,000
算	小計	5,770,000
	仮計	114,650,000
	法人税額から控除される所得税額等	450,120
	合計・総計・差引計	115,100,120
	所得金額	115,100,120

【交際費等の計算】

①支出交際費等の額　9,500,000円

②定額控除限度額　　8,000,000円×12÷12＝8,000,000円

③損金算入限度額　　3,000,000円×50％

　　　　　　　　　　＝1,500,000円＜8,000,000円

　　　　　　　　　　したがって8,000,000円

④損金不算入額　　　9,500,000円－8,000,000円＝1,500,000円

【納付すべき法人税額】

①課税所得金額　115,100,120円→115,100,000円（千円未満切捨）

②法人税額

(a) 年800万円以下の所得金額に対する税額

（8,000,000円×12÷12＝8,000,000円）×15％＝1,200,000円

(b) 年800万円を超える所得金額に対する税額

（115,100,000円－8,000,000円×12÷12＝107,100,000円）×23.2％

＝24,847,200円

(c) 法人税額合計

1,200,000円＋24,847,200円＝26,047,200円

③差引所得に対する法人税額

26,047,200円－450,120円＝25,597,080円→25,597,000円（百円未満切捨）

④納付すべき法人税額

25,597,000円－16,000,000円＝9,597,000円

8-4. 交際費等と広告宣伝費との区分 [6]

　広告宣伝費は，不特定多数の者に対する宣伝的効果を意図するものであり，かような費用は交際費等に含まれない。たとえば①製造業者または卸売業者が，抽せんにより，一般消費者に対し金品を交付するために要する費用または一般消費者を旅行，観劇等に招待するために要する費用や②製造業者または卸売業者が，金品引換券付販売に伴い，一般消費者に対し金品を交付するために要する費用などがあげられる [7]。

8-5. 交際費税制の問題点

　交際費は，企業活動に関する費用であることから本来所得の計算上損金に算入されるべきである。しかしながら，交際費をすべて認めて損金算入するならば，交際費の額が過大になり，社会通念上の額を超える恐れがある。したがって，使途や内容に明確性を欠き，役員個人の私的な交際や接待などに用いられることから，租税特別措置法に規定を設け，交際費等の問題に対応している。

【注】

1）中田（2015, p.86）。

2）措法61の4。

3）このほか，次のようなものも交際費等に含まれる費用である。

①得意先，仕入先その他事業に関係のある者等を旅行，観劇等に招待する費用②製造業者または卸売業者が，その製品または商品の卸売業者に対し,その卸売業者が小売業者等を旅行,観劇等に招待する費用の全部または一部を負担した場合のその負担額③いわゆる総会対策等のために支出する費用で，総会屋等に対して会費，賛助金，寄附金，広告料，購読料等の名目で支出する金品に係るもの④建設業者等が高層ビル，マンション等の建設に当たり，周辺の住民を旅行，観劇等に招待し，酒食を提供した場合の費用⑤スーパーマーケット，百貨店等が既存の商店街に進出するに当たり，周辺の商店街の同意を得るために支払った運動費等（営業補償等の名目のものを含む）⑥得意先，仕入先等の従業員に対して取引の謝礼等として支出する金品の費用⑦建設業者等が工事の入札等にさいして支出する談合金その他類似費用⑧得意先，仕入先社外の者に対する接待，きょう応に要した費用で，広告費，売上割戻し等に該当しないもの。

4）なお，飲食年月日，参加得意先・仕入先等の氏名等，参加者数，費用額，飲食店等の名称等を記載した書類を保存することが必要である。

5）措通61の4（1）-15。

6）措通61の4（1）-9。

7）このほか，次のようなものも交際費等でなく広告宣伝費に含まれる。

①製造業者または卸売業者が，一定の商品等を購入する一般消費者に対し金品を交付するために要する費用②小売業者が商品の購入をした一般消費者に対し景品を交付するために要する費用③一般の工事見学者に製品の試飲，試食させる費用（これらの者に対する通常の茶菓等に要する費用を含む）④得意先等に対する見本品，試用品の供与に通常要する費用⑤製造業者または卸売業者が，自己の製品またはその取扱商品に関し，これらの者の依頼にもとづき，継続的に試用をおこなった一般消費者または消費動向調査に協力した一般消費者に対し，その謝礼として金品を交付するために通常要する費用。

第9章　寄附金

9-1.　寄附金の意義

　寄附金とは，法人がおこなった金銭その他の資産または経済的な利益の贈与または無償の供与をいう[1]。

　寄附金は，財務諸表上は費用であり収益から差し引かれる。しかしながら，税法では，寄附金の性格からみて，所得金額の計算において一定額に限り損金算入を認めている。かかる一定額を超過する金額は損金不算入になる。かような場合，損金に算入される金額は次の3つ，すなわち①一般寄附金の損金算入限度額②指定寄附金等の額および③特定公益増進法人に対する寄附金の損金算入限度額の合計額とされる。

9-2.　寄附金の範囲

　寄附金の多くの場合は，現金により支出されるが,税法では，現金以外の実質的に寄附金の性質を有するものを寄附金としている。すなわち，寄附金には，国・地方公共団体，公益法人・社会福祉法人・学校法人等の非営利法人，政治団体，業界団体，子会社などへの寄贈金や拠出金ばかりでなく，金銭以外の資産の贈与や経済的利益の無償供与等が含まれる。また，通常は寄附金と称されないが法人が支出した次の金額は，税務上寄附金とされる。

　①公益法人等が収益事業から公益事業へ支出した金銭[2]
　②特定公益信託の信託財産とするために支出した金銭[3]

　表見的には寄附金に該当するものでも，明らかに事業経費の性質を有すると認められるものや寄附金とすることが経済的実態に照らして適当で認められるものは寄附金の範囲から除かれる。

例題9-1

　次の資料にある寄附金について，指定寄附金等，特定公益増進法人に対する寄附金およびその他の寄附金に区分すると次のようになる。

【資料】
　①町内会に対する寄附金
　②独立行政法人に対する寄附金
　③国に対する寄附金
　④日本赤十字に対する寄附金
　⑤東京都に対する寄附金
　⑥政治団体に対する寄附金

　　このうち指定寄附金等は，③と⑤である。特定公益増進法人に対する寄附金は，②と④である。その他の寄附金は，①と⑥である。

9-3.　寄附金の区分と損金算入限度額

9-3-1.　一般寄附金の場合

　寄附金は，本来，その企業活動との直接的な関連がなく，その支出を無制限に損金に算入することは課税所得と税額の軽減をもたらすことから，法人税法では，一定の限度を設けて損金算入を認めている。つまり，寄附金は，資本金等の額や所得金額の一定割合を限度として損金に算入される。

　次の算式は，一般寄附金の場合に計算される損金算入限度額を表わしている[4]。

　①期末資本金等の額×（事業年度の月数/12）×（2.5/1,000）

　②当期所得金額×（2.5/100）

　（①＋②）／4 ＝損金算入限度額

例題9-2

　次の資料にもとづき，寄附金の損金不算入額を計算する場合，次のようになる。

【資料】
　①事業年度　自平成28年4月1日　至平成29年3月31日
　②別表四仮計（総額欄）の金額　50,000,000円
　③損金経理により当期に支出した一般寄附金の額　1,200,000円
　④期末資本金等の額　80,000,000円

(a) 寄附金支出前所得金額：
  50,000,000円＋1,200,000円＝51,200,000円
(b) 資本基準額：
  80,000,000円×12÷12×2.5÷1,000＝200,000円
(c) 所得基準額：
  51,200,000円×2.5÷100＝1,280,000円
(d) 損金算入限度額：
  （200,000円＋1,280,000円）÷4＝370,000円
(e) 損金不算入額
  1,200,000円－370,000円＝830,000円

例題 9 - 3

　次の資料にもとづき，D社の第18期事業年度（自平成30年4月1日至平成31年3月31日）の確定申告により納付すべき法人税額を計算する場合,次のようになる。

【資料】

1. 期末現在資本金額	85,000,000円
2. 当期利益の額	70,000,000円
3. 所得金額の計算上税務調整すべき事項	
①損金の額に算入した中間納付の法人税額	16,000,000円
②損金の額に算入した中間納付の住民税額	4,000,000円
③損金の額に算入した住民税利子割額	150,000円
④損金の額に算入した納税充当金	23,350,000円
⑤法人税額から控除される所得税額等	450,120円
⑥納税充当金から支出した事業税等の金額	4,600,000円
⑦役員給与の損金不算入額	3,000,000円
⑧役員退職給与の損金不算入額	5,000,000円
⑨寄附金の損金不算入額	265,489円
⑩減価償却超過額の当期容認額	620,000円

所得金額の計算（別表四）

	摘要	金額
	当期利益	70,000,000円
加	損金の額に算入した中間納付の法人税額	16,000,000
	損金の額に算入した中間納付の住民税額	4,000,000
	損金の額に算入した住民税利子割額	150,000
	損金の額に算入した納税充当金	23,350,000
	役員給与の損金不算入額	3,000,000
	役員退職給与の損金不算入額	5,000,000
算	小計	51,500,000
減	納税充当金から支出した事業税等の金額	4,600,000
	減価償却超過額の当期認容額	620,000
算	小計	5,220,000
	仮計	116,280,000
	寄附金の損金不算入額	265,489
	法人税額から控除される所得税額等	450,120
	合計・総計・差引計	116,995,609
	所得金額	116,995,609

①課税所得金額　116,995,609円→116,995,000円（千円未満切捨）

②法人税額
 （a）年800万円以下の所得金額に対する税額
 　　（8,000,000円×12÷12＝8,000,000円）×15％＝1,200,000円
 （b）年800万円を超える所得金額に対する税額
 　　（116,995,000円−8,000,000円×12÷12＝108,995,000円）×23.2％
 　　＝25,286,840円
 （c）法人税額合計
 　　1,200,000円＋25,286,840＝26,486,840円

③差引所得に対する法人税額
 　26,486,840円−450,120円＝26,036,720円→26,036,700円（百円未満切捨）

④納付すべき法人税額
 　26,036,700円−16,000,000円＝10,036,700円

例題9-4

　次の資料にもとづき，E社（期末資本金額85,000,000円）の第15期事業年度（自平成30年4月1日至平成31年3月31日）の確定申告により納付すべき法人税額を計算する場合，次のようになる。

【資料】

1. 期末現在資本金額　　　　　　　　　　　　　　　　85,000,000円
2. 当期利益の額　　　　　　　　　　　　　　　　　　70,000,000円
3. 所得金額の計算上税務調整すべき事項
　①損金の額に算入した中間納付の法人税額　　　　　　6,000,000円
　②損金の額に算入した中間納付の住民税額　　　　　　4,000,000円
　③損金の額に算入した住民税利子割額　　　　　　　　　150,000円
　④損金の額に算入した納税充当金　　　　　　　　　23,350,000円
　⑤法人税額から控除される所得税額等　　　　　　　　　450,120円
　⑥納税充当金から支出した事業税等の金額　　　　　　4,600,000円
　⑦役員給与の損金不算入額　　　　　　　　　　　　　3,000,000円
　⑧役員退職給与の損金不算入額　　　　　　　　　　　5,000,000円
　⑨寄附金に関する事項
　　(a) 損金経理に支出した一般寄附金の額　　　　　　1,200,000円
　　(b) 期末資本金等の額　　　　　　　　　　　　　75,00,000円
　⑩減価償却超過額の当期容認額　　　　　　　　　　　　620,000円

所得金額の計算（別表四）

	摘要	金額
	当期利益	70,000,000円
加	損金の額に算入した中間納付の法人税額	16,000,000
	損金の額に算入した中間納付の住民税額	4,000,000
	損金の額に算入した住民税利子割額	150,000
	損金の額に算入した納税充当金	23,350,000
	役員給与の損金不算入額	3,000,000
	役員退職給与の損金不算入額	5,000,000
算	小計	51,500,000
減	納税充当金から支出した事業税等の金額	4,600,000
	減価償却超過額の当期認容額	620,000
算	小計	5,220,000
	仮計	116,280,000
	寄附金の損金不算入額	418,875
	法人税額から控除される所得税額等	450,120
	合計・総計・差引計	117,148,995
	所得金額	117,148,995

【寄附金の計算】
　（a）寄附金支出前所得金額：
　　　116,280,000円＋1,200,000円＝117,480,000円
　（b）資本基準額：
　　　75,000,000円×12÷12×2.5÷1,000＝187,500円
　（c）所得基準額：
　　　117,480,000円×2.5÷100＝2,937,000円
　（d）損金算入限度額：
　　　（187,500円＋2,937,000円）÷4＝781,125円
　（e）損金不算入額
　　　1,200,000円－781,125円＝418,875円

【納付すべき法人税額】
　①課税所得金額　117,148,995円→117,148,000円（千円未満切捨）
　②法人税額
　　（a）年800万円以下の所得金額に対する税額
　　　　（8,000,000円×12÷12＝8,000,000円）×15％＝1,200,000円
　　（b）年800万円を超える所得金額に対する税額
　　　　（117,148,000円－8,000,000円×12÷12＝109,148,000円）×23.2％
　　　　＝25,322,336円
　　（c）法人税額合計
　　　　1,200,000円＋25,322,336円＝26,522,336円
　③差引所得に対する法人税額
　　26,522,336円－450,120円＝26,072,216円→26,072,200円（百円未満切捨）
　④納付すべき法人税額
　　26,072,200円－16,000,000円＝10,072,200円

9-3-2. 国・地方公共団体に対する寄附金および指定寄附金の場合

　寄附金は通常ならば，資本金等の額と所得金額に比例して一定割合を損金算入されるのであるが，寄附金が公益目的である場合には，むしろ奨励されるべきものとして，その性格上から，全額額損金算入される。これには①国または地方公共団体に対する寄附金[5]と②指定寄附金[6]の2種類ある[7]。

9-3-3. 特定公益増進法人[8]に対する寄附金の特別損金算入限度額の場合

　公益の増進（教育・科学の振興，文化の向上，社会福祉への貢献等）に寄与する法人の主目的である業務に関連する寄附金に対しては，一般寄附金の算入限度

額とは別に，損金算入限度額が計算される。次の算式は，特定公益増進法人に対する寄附金の特別損金算入限度額を表わしている[9]。

①期末資本金等の額×（当期の月数/12）×（3.75/1,000）

②当期の所得金額×（6.25/100）

（①＋②/2）＝特別損金算入限度額

例題9-5

次の資料にもとづき，寄附金の損金不算入額を計算する場合，次のようになる。

【資料】

①当期において損金経理により寄附金勘定に計上した金額の内訳は次のとおりである。

　（a）指定寄附金等の額　　　　　　　　450,000円

　（b）一般寄附金の額　　　　　　　　1,200,000円

②別表四仮計金額　　　　　　　　116,280,000円

③期末資本金等の額　　　　　　　125,500,000円

④当期（事業年度）　　　自平成28年4月1日　至平成29年3月31日

　（a）支出した寄附金の額

　　　450,000円＋1,200,000円＝1,650,000円

　（b）寄附金支出前所得金額：

　　　116,280,000円＋1,650,000円＝117,930,000円

　（c）資本基準額：

　　　125,500,000円×12÷12×2.5÷1,000＝313,750円

　（d）所得基準額：

　　　117,930,000円×2.5÷100＝2,948,250円

　（e）損金算入限度額：

　　　（313,750円＋2,948,250円）÷4＝815,500円

　（f）損金不算入額

　　　1,650,000円－450,000－815,500円＝384,500円

【注】

1）ただし，広告宣伝費，交際費，接待費および福利厚生費に該当するものは除かれる。

2）これは，公益法人等がその収益事業に属する資産のうちから収益事業以外の事業のために支出した金額をいう（法37⑤）。

3）これは，当該金銭の額で，その目的が教育または科学の振興，文化の向上，社会福祉への貢献その他公益の増進に著しく寄与するものをいう（法37⑥）。

4）資本のない普通法人等は（所得金額×2.5/100）で，学校法人・社会福祉法人は（所得金額の50/100，年200万円に満たない場合には年200万円），その他の公益法人は（所得金額×20/100）については，所得基準のみによる（法令73）。

5）特別の利益がその寄附をした者に及ぶと認められるものを除く。

6）公益社団法人，公益財団法人その他公益目的の事業をおこなう法人，団体に対する寄附金のうち，①広く一般に募集されることと②教育または科学の振興，文化の向上，社会福祉への貢献，その他公益の増進に寄与するための支出を緊急を要するものに充てられることが確実であることの要件をみたすものとして財務大臣が指定したものが指定寄附金である。

7）法37③。

8）主な特定公益増進法人は，①自動車安全運転センター，日本司法支援センター，日本私立学校振興・共済事業団，日本赤十字社②公益社団法人および公益財団法人③私立学校法第三条に規定する学校法人で，学校の設置を主たる目的とするもの④社会福祉事業法第22条に規定する社会福祉法人等である。

9）法37④。

第10章　租税公課

10-1.　租税公課の意義

　租税公課とは，一般に，国または地方公共団体がその活動に要する資金の調達や公共政策の遂行などを目的として無償で国民から強制的に徴収する貨幣をいう。法人は，その所得，資産，取引等に対して種々の租税を課せられる。それらは，財務諸表においては費用として収益から差し引かれる。一方，税法の計算規定は，課税対象としての所得を算定することを目的とすることから，必ずしもすべての租税を損金に算入しない。たとえば，法人の営業活動を営むために直接関連のある租税は損金に算入するが，課税所得の分配項目としての租税や，罰金的な性格の支出に対しては損金不算入としている。

10-2.　租税公課の損金性

　租税公課は，資本等取引以外の取引に係る純資産減少の原因となる項目であることから，原則として，損金性を有している。しかしながら，ある種の租税公課は，その所得の処分たる性格を理由として，または租税政策的配慮から，さらに課税技術の見地から別段の定めにより損金性が否定されている。

10-3.　損金不算入の租税公課 [1]

　損金不算入の主な租税公課に法人税がある [2]。法人税は，法人の所得に対して課せられる国税であり，課税所得の分配項目として損金に算入されない。また，法人税にはその附帯税が含まれる。附帯税とは，①延滞税や②加算税（無申告加算税，過少申告加算税，重加算税）のことである [3]。これら附帯税は制裁の性質を有することから，これが損金算入されるとその分だけ法人税の負担を軽減することになることから損金不算入とするのである。

10-4.　損金算入の租税公課

損金算入の主な租税公課には，①事業税等（事業税および地方法人特別税）②固定資産税③自動車税，軽自動車税④法人税の利子税⑤徴収猶予および納期限の延長の場合の延滞金⑥印紙税がある。

例題10-1

次の資料にもとづき，所得金額を計算すると，次のようになる。
【資料】
1. 当期利益の額　　　　　　　　　　　　　4,325,000円
2. 租税公課に関する事項
　①損金の額に算入した中間納付の法人税額　2,310,000円
　②損金の額に算入した中間納付の住民税額　　649,250円
　③損金の額に算入した住民税利子割額　　　　 37,300円
　④損金の額に算入した納税充当金　　　　　4,250,000円
　⑤法人税額から控除される所得税額等　　　　177,660円
　⑥損金の額に算入した中間納付の事業税額　4,000,000円
　⑦納税充当金から支出した前期分事業額　　1,091,850円
　⑧損金の額に算入した印紙税の過怠税　　　　120,000円
　⑨納税充当金から支出した前期分法人税額　7,780,000円
　⑩損金の額に算入した延滞税　　　　　　　　 64,000円
　⑪損金の額に算入した罰金　　　　　　　　　 80,000円

所得金額の計算（別表四）

	摘要	金額
	当期利益	4,325,000円
加	損金の額に算入した中間納付の法人税額	2,310,000
	損金の額に算入した中間納付の住民税額	649,250
	損金の額に算入した住民税利子割額	37,300
	損金の額に算入した納税充当金	4,250,000
	損金の額に算入した附帯税等	64,000
	損金の額に算入した過怠税	120,000
	損金の額に算入した罰金等	80,000
算	小計	7,510,550
減	納税充当金から支出した事業税等の金額	1,091,850
算	小計	1,091,850
	仮計	10,743,700
	法人税額から控除される所得税額等	177,660
	合計・総計・差引計	10,921,360
	所得金額	10,921,360

【注】

1）中田（2015, p.91）を参照されたい。

2）この場合，通常の法人税のほか，附帯税（利子税を除く）を含む。

3）延滞税とは国税の附帯税の一つである国税通則法 60 〜 63 条の規定にもとづき，租税を法定の納付期限までに完納しなかった場合に，その未納額と納付の遅延した期間とに応じて賦課される制裁的性質をもつ税である。納税者は，本来納付すべきであった税額に延滞税を加えた額を納付しなければならない。この税は納付遅延の事実が発生すると同時に特別の手続を要することなく自動的に成立する。税額は特別な場合を除き法定納付期限の翌日から完納する日までの期間の日数に応じて未納税額に年 14.6％の率で計算されるが，法定納付期限の翌日から 1 ヵ月以内については年 7.3％の率が適用される。また災害など特別の理由により納税の猶予が認められた場合は，延滞税は免除される。

　無申告加算税とは支払うべき税金について申告期限が過ぎてから申告した場合に，本来の税額に加算する形で課される税金のこと。付帯税の一つ。無申告による税逃れを防ぐ目的があり，自主的に期限後申告を行うと，税務署の調査を受けてから申告した場合や，税務署の決定により税額が確定した場合よりも加算税率が低くなる。過少申告加算税とは税の確定申告の際に，実際よりも少ない額を申告すること。修正申告をした場合には，その増額分に対して過少申告加算税が課される。重加算税とは国税における加算税の一つである。過少申告加算税が課される場合（申告書に記載された金額が過少），または不納付加算税が課される場合（正当な理由なく法定納期限までに納付しない）において仮装隠蔽の事実があるときに基礎となる税額に対し35％の税率で，無申告加算税が課される場合（正当な理由なく申告期限内に申告しない）において仮装隠蔽の事実があるときに基礎となる税額に対し 40％の税率で課される追加課税。仮装隠蔽の例としては，裏帳簿の作成，売り上げの除外，架空仕入れ，架空経費の計上，税務調査での虚偽の答弁，他人名義や架空名義の使用などがあげられる。仮装隠蔽の事実は納税者の故意を立証する必要はなく，客観的に判断されるものであれば成立する。過少申告加算税，不納付加算税，無申告加算税に代えて課されるもので，これらと同時に課されることはない。『大辞林　第三版』三省堂「コトバンク」〈https://kotobank.jp/word/〉2018.9.15参照

第11章　貸倒損失

　貸倒損失とは，事業の遂行上生じた受取手形，売掛金や貸付金等の金銭債権の回収不能による損失である。財務会計では，費用は発生主義で認識することから，回収不能のおそれのあるものについてはできるだけ早く貸倒れ処理をおこない，適正な期間損益計算をおこなうことを重視する。一方，税法では，貸倒損失は損金となることから租税負担の軽減に結びつくので，厳密な解釈を要求し，貸倒れの確定したことの客観的な立証を求めている。ゆえに，税法での基準は厳格にならざるを得ない。

11-1.　税務上の貸倒認定に関する基本的な考え方
11-1-1.　緩和された暫定的貸倒れの認定
　税法では，個別評価金銭債権および一括評価金銭債権の各々について，貸倒見込額を損金経理により貸倒引当金勘定に繰入れた場合，当該繰入れた金額のうち，各々の繰入限度額に達するまでの金額は，損金の額に算入することができる。

　税法上では，貸倒引当金のうち，個別評価金銭債権に係る貸倒引当金の繰入限度額の算定基準は，暫定的な貸倒れの認定基準といえることから，金銭債権の貸倒れの実態と経理実務への配慮にもとづき，形式基準をも取入れた緩和された内容の基準となっている。

11-1-2.　厳格な確定的な貸倒れの確定
　税法上，金銭債権が客観的な事実として全額回収不能となり，経済的に完全に無価値になり資産として実質的に存在しなくなった場合，確定的な貸倒処理が認められると解すべきである。また，特定の状況の中で回収不能となった金銭債権に関して，その全部または一部を切捨てた場合には，その全部または一

部は，法律上存在しないこととなったのであるから，その切捨てが債務者に対して経済的利益の供与にならない限り，確定的な貸倒処理をすることができると解すべきである。かような確定的な貸倒れの認定要件は，金銭債権の完全な消滅の証拠を求めるものである。したがって，必然的に厳格なものとなる。

11-2. 税務上の貸倒の認定基準

　企業活動で生じた受取手形，売掛金，貸付金等の金銭債権の回収不能による損失は，貸倒損失として処理される。企業会計では，回収不能の恐れのあるものはできるだけ早く貸倒処理をおこない，健全な財政状態を表示することを重視しているが，税法では，貸倒損失が租税負担の軽減と結びつくことから，貸倒れの厳格な解釈を要求し貸倒れの確定した証拠を求める。つまり，税法の基準では，貸倒処理は厳格にならざるをえない。したがって，貸倒処理に弾力性を持たせる趣旨の規定も設けている。

11-2-1. 金銭債権の全部または一部の切捨てをした場合の貸倒れ

　法人の有する金銭債権（受取手形，売掛金，貸付金等）について，次の事実が生じた場合，発生年度に貸倒れとして損金算入する。

①会社更生法または民事再生法による更生計画の認可の決定に伴い，切捨てられることとなった部分の額

②会社法の規定による特別清算に係る協定の認可もしくは整理計画の決定または破産法の規定による強制和議の認可決定に伴って，切捨てられることになった部分の金額

③法令による整理手続によらない関係者の協議決定に伴って，切捨てられた金額[1]

④債務者の債務超過の状態が相当期間継続し，その貸金等の弁済を受けることができないと認められる場合において，その債務者に対し書面により明らかにされた債務免除額

11-2-2.　回収不能の金銭債権の貸倒れ

　法人の有する金銭債権について，その債務者の資産状況，支払能力等からみてその全額が回収できないことが明らかになった場合には，その明らかになった事業年度において貸倒れとして損金経理することができる。この場合において，その貸金等について担保物がある場合は，その担保物を処分した後でなければ貸倒れとして損金経理することはできない。また，保証債務は，現実にこれを履行した後でなければ貸倒れの対象にすることはできない[2]。

11-2-3.　一定期間取引停止後弁済がない場合の貸倒れ

　債務者について，次に掲げる事実が発生した場合，その債務者に対して有する売掛債権（売掛金，未収請負金その他これに準ずる債権をいい，貸付金その他これに準ずる債権を含まない）について，法人がその売掛債権の額から備忘価額（1円）を控除した残額を貸倒れとして損金経理したときは，その処理は認められる[3]。

　①債務者との取引を停止したとき以後1年以上経過した場合（担保物のある
　　場合を除く）
　②法人が同一地域の債務者について有している売掛債権の総額が，その取立
　　てのために要する旅費その他の費用に満たない場合で，それらの債務者に
　　対して支払を督促しても弁済がない場合

【注】
1）これには①債権者集会の協議協定で合理的な基準により，債務者の負債整理を定めているものや②行政機関または金融機関その他の第三者のあっせんによる当事者間の協議により締結された契約で，債務者の負債整理を定めているものがある。（中田, 2015, p.100）。
2）基通9-6-2。
3）基通9-6-3。

第12章 福利厚生費・保険料・不正行為等に係る費用等

12-1. 福利厚生費

　企業が国の社会政策および独自の労務政策にもとづき従業員の福利，厚生のために負担する費用を福利厚生費という。福利厚生費は，法定福利費と法定外のものとに分けられる。法定福利費には，健康保険，厚生年金保険，そして労働保険等の保険料や掛金等のうちの事業主負担分がある。法定外の福利厚生費には，①食堂・社宅の設置・運営等に要する費用②従業員のための親睦慰安のための運動会・旅行等の費用③従業員の慶弔・禍福にさいして支給する金品の費用④永年勤続・改善提案等をした者に与える金品の費用などの項目がある。

　法定福利費は，義務づけられた費用であることから損金の額に算入される。しかしながら，所定の事業主負担分を超えて負担した場合には，当該超過分は，原則として給与として取り扱われる。

12-2. 保険料

12-2-1. 生命保険料

　法人が役員または使用人（従業員）を被保険者とする次の生命保険に加入した場合の保険料は，保険の種類，保険金の受取人等に応じて処理するものとされている[1]。

①養老保険（被保険者が死亡した場合または保険期間満了時に生存していた場合に保険金が支払われる生命保険）
②定期保険（一定期間内に被保険者が死亡した場合にのみ保険金が支払われる生命保険）
③定期付養老保険（養老保険に定期保険を付したもの）

④傷害特約等（上記の各保険に付す特約）

12-2-2. 個人年金保険料

　法人が，個人年金保険（法人が自己を契約者とし，役員または使用人を被保険者として加入した生命保険で，年金支払開始日に被保険者が生存しているときに所定の期間中，年金が年金受取人に支払われるもの）に加入して保険料を支払った場合には，次の図に示すように処理するものとされている[2]。

図表12－1　個人年金保険料の処理

契約者	被保険者	受取人		個人年金保険料
		死亡給付金	年金	
法人	従業員	法人		
		被保険者の遺族	被保険者	給与
		被保険者の遺族	法人	90%…資産計上 10%…損金算入 ただし，役員等のみを対象とする場合は給与

出所：新日本保険新聞「保険契約別」＞「法人契約」＞「個人年金保険」
　　　〈http://www.hokenforum.com/sample/zeimu/01keiyaku-s/01houjin/10.html〉
　　　2018. 9. 17参照

12-2-3. 損害保険料

　法人が，保険期間が3年以上で，かつ，当該保険期間満了後に満期返戻金を支払う旨の定めのある損害保険契約（これに類する共済に係る契約を含む）について保険料（共済掛金を含む）を支払った場合には，その支払った保険料の額のうち，積立保険料に相当する部分の金額は保険期間の満了又は保険契約の解除若しくは失効の時までは資産に計上するものとし，その他の部分の金額は期間の経過に応じて損金の額に算入する[3]。

12-3. 不正行為等に係る費用・損失

　法人が，所得金額・欠損金額・法人税額の計算の基盤となるべき事実の全部または一部を隠蔽仮装することにより，法人税の負担を減少させる等の場合には，隠蔽仮装行為に要する費用等の額は損金に算入されない[4]。

　また，独占禁止法・公正取引確保に関する法律による課徴金・延滞金（外国・外国地方公共団体，国際機関が納付を命ずるものを含む）は損金に算入されない[5]。さらに，法人が供与する賄賂または外国公務員等に対する不正の利益の供与に相当する費用等は，損金に算入されない[6]。

12-4. その他の費用

12-4-1. 海外渡航費

　法人がその役員又は使用人の海外渡航に際して支給する旅費（仕度金を含む）は，その海外渡航が当該法人の業務の遂行上必要なものであり，かつ，当該渡航のため通常必要と認められる部分の金額に限り，旅費としての法人の経理を認める。したがって，法人の業務の遂行上必要とは認められない海外渡航の旅費の額はもちろん，法人の業務の遂行上必要と認められる海外渡航であってもその旅費の額のうち通常必要と認められる金額を超える部分の金額については，原則として，当該役員又は使用人に対する給与とする[7]。

12-4-2. 会費・入会金等

　法人がゴルフクラブに対して支出した入会金については，次による。

①法人会員として入会する場合　入会金は資産として計上するものとする。
　ただし，記名式の法人会員で名義人たる特定の役員又は使用人が専ら法人の業務に関係なく利用するためこれらの者が負担すべきものであると認められるときは，当該入会金に相当する金額は，これらの者に対する給与とする。

②個人会員として入会する場合　入会金は個人会員たる特定の役員又は使用人に対する給与とする。ただし，無記名式の法人会員制度がないため個人

　会員として入会し，その入会金を法人が資産に計上した場合において，その入会が法人の業務の遂行上必要であるため法人の負担すべきものであると認められるときは，その経理を認める[8]。

　法人がレジャークラブ（宿泊施設，体育施設，遊技施設その他のレジャー施設を会員に利用させることを目的とするクラブでゴルフクラブ以外のものをいう。）に対して支出した入会金についてゴルフクラブの入会金の場合を準用する。ただし，その会員としての有効期間が定められており，かつ，その脱退に際して入会金相当額の返還を受けることができないものとされているレジャークラブに対して支出する入会金（役員又は使用人に対する給与とされるものを除く。）については，繰延資産として償却することができるものとする[9]。

　法人が社交団体（ゴルフクラブ及びレジャークラブを除く）に対して支出する入会金については，次に掲げる場合には，次による。

①法人会員として入会する場合は，入会金は支出の日の属する事業年度の交際費とする。
②個人会員として入会する場合　入会金は個人会員たる特定の役員又は使用人に対する給与とする。ただし，法人会員制度がないため個人会員として入会した場合において，その入会が法人の業務の遂行上必要であると認められるときは，その入会金は支出の日の属する事業年度の交際費とする[10]。

　かように，法人が，ゴルフクラブ，レジャークラブ，社交団体，同業団体等に対して支出した入会金または会費等は，各々のケースにおける入会形態や支出内容等により，給与，福利厚生費，交際費等，寄附金，前払費用，資産などとして処理されることになる。

12-4-3. 損害賠償金

　法人の役員又は使用人がした行為等によって他人に与えた損害につき法人がその損害賠償金を支出した場合には，次による[11]。

①その損害賠償金の対象となった行為等が法人の業務の遂行に関連するもの

であり，かつ，故意又は重過失に基づかないものである場合には，その支出した損害賠償金の額は給与以外の損金の額に算入する。

②その損害賠償金の対象となった行為等が，法人の業務の遂行に関連するものであるが故意又は重過失に基づくものである場合又は法人の業務の遂行に関連しないものである場合には，その支出した損害賠償金に相当する金額は当該役員又は使用人に対する債権とする。

12-4-4. 前払費用・消耗品等

前払費用（一定の契約に基づき継続的に役務の提供を受けるために支出した費用のうち当該事業年度終了の時においてまだ提供を受けていない役務に対応するものをいう）の額は，当該事業年度の損金の額に算入されないのであるが，法人が，前払費用の額でその支払った日から1年以内に提供を受ける役務に係るものを支払った場合（短期の前払費用）において，その支払った額に相当する金額を継続してその支払った日の属する事業年度の損金の額に算入しているときは，これを認める[12]。

また，消耗品その他これに準ずる棚卸資産の取得に要した費用の額は，当該棚卸資産を消費した日の属する事業年度の損金の額に算入するのであるが，法人が事務用消耗品，作業用消耗品，包装材料，広告宣伝用印刷物，見本品その他これらに準ずる棚卸資産（各事業年度ごとにおおむね一定数量を取得し，かつ，経常的に消費するものに限る）の取得に要した費用の額を継続してその取得をした日の属する事業年度の損金の額に算入している場合には，これを認める[13]。

【注】

1）法基通9-3-4-6。
2）平成2年直審4-19通達。
3）法基通9-7-9。
4）法55①。
5）法55④三。
6）法55⑤
7）法基通9-7-6。
8）法基通9-7-11～13。

9 ）法基通 9 - 7 -13 - 2。
10）法基通 9 - 7 -14。
11）法基通 9 - 7 -16。
12）法基通 2 - 2 -14。
13）法基通 2 - 2 -15。

第13章　販売促進費

13-1.　販売促進費の意義

　販売促進費とは，生産者の供給を消費者の需要に有効に結びつけて売上増進を図るために展開するマーケティング活動としての販売促進（セールス・プロモーション）活動に要する諸経費をいう。

13-2.　販売促進費の種類

　販売促進費の主なものは，①交際費等②景品費③売上割戻し④広告宣伝費⑤販売奨励金⑥販売報奨金⑦情報提供料⑧招待会議費⑨現地案内費⑩旅費案内費⑪展示会招待費⑫工場見学費などである。

13-3.　景品費

　景品費とは，通常，景品付販売，景品引換券付販売，または抽せん券付販売等により景品を交付するために要する費用をいう。景品費は，一般に広告宣伝費の一種とみられており，交際費等に該当するものを除き全面的に損金性が認められる。

　製造業者または卸売業者が得意先に対しいわゆる景品引換券付販売または景品付販売により交付する景品については，その景品（引換券により引き換えられるものについては，その引き換えられる物品をいう。）が少額物品であり，かつ，その種類及び金額が当該製造業者または卸売業者で確認できるものである場合には，その景品の交付のために要する費用は交際費等に該当しないものとすることができる。

　景品引換券付販売に係る景品の交付に要する費用を未払金に計上している場合においても，当該費用が交際費等に該当するかどうかは，実際に景品を交付した事業年度においてこの通達を適用して判定することとし，交際費等に該当

するものは当該事業年度の交際費等の額に含めて損金不算入額を計算する[1]。

13-4. 売上割戻し

　売上割戻しとは，一定期間に多額または多量の取引をした得意先に対する売上代金の返戻額等をいう[2]。これはリベートと考えられ，自己の商品等の購入を動機づけるものであり，財務会計では，総売上高の控除項目として扱われ，税務上も損金控除が認められている。

　法人がその得意先である事業者に対し，売上高もしくは売掛金の回収高に比例して，または売上高の一定額ごとに金銭で支出する売上割戻しの費用及びこれらの基準のほかに得意先の営業地域の特殊事情，協力度合い等を勘案して金銭で支出する費用は，交際費等に該当しないものとしている[3]。

13-5. 広告宣伝費

　広告宣伝費は，生産者から消費者に至る製品・商品・サービスの流れを直接的または間接的に方向づけ，販売を促進するために諸種の媒体を利用しておこなう広告宣伝活動に要する費用である。

　不特定多数の者に対する宣伝的効果を意図するものは広告宣伝費の性質を有するものとし，次のようなものは交際費等に含まれないものとする[4]。①製造業者または卸売業者が，抽選により，一般消費者に対し金品を交付するために要する費用または一般消費者を旅行，観劇等に招待するために要する費用②製造業者または卸売業者が，金品引換券付販売に伴い，一般消費者に対し金品を交付するために要する費用③製造業者または販売業者が，一定の商品等を購入する一般消費者を旅行，観劇等に招待することをあらかじめ広告宣伝し，その購入した者を旅行，観劇等に招待する場合のその招待のために要する費用④小売業者が商品の購入をした一般消費者に対し景品を交付するために要する費用⑤一般の工場見学者等に製品の試飲，試食をさせる費用（これらの者に対する通常の茶菓等の接待に要する費用を含む。）⑥得意先等に対する見本品，試用品の供与に通常要する費用⑦製造業者または卸売業者が，自己の製品またはその取扱商品に関し，これらの者の依頼に基づき，継続的に試用をおこなった一般消

費者または消費動向調査に協力した一般消費者に対しその謝礼として金品を交付するために通常要する費用

13-6. 特殊な販売促進費

13-6-1. 販売奨励金・販売報奨金

　販売奨励金または販売報奨金として支出する費用は，販売促進費の一種であり，原則として損金の額に算入される。

　法人が販売促進の目的で特定の地域の得意先である事業者に対して販売奨励金等として金銭又は事業用資産を交付する場合のその費用は，交際費等に該当しない。ただし，その販売奨励金等として交付する金銭の全部または一部が交際費等の負担額として交付されるものである場合には，その負担額に相当する部分の金額についてはこの限りでない[5]。

13-6-2. 情報提供料等

　法人が取引に関する情報の提供または取引の媒介，代理，あっせん等の役務の提供（「情報提供等」という）をおこなうことを業としていない者（当該取引に係る相手方の従業員等を除く）に対して情報提供等の対価として金品を交付した場合であっても，その金品の交付につき例えば次の要件の全てを満たしている等その金品の交付が正当な対価の支払であると認められるときは，その交付に要した費用は交際費等に該当しない[6]。

　情報提供等を業としている者に支払う情報提供料等は，原則として損金の額に算入される。

【注】
1）措通 61の4(1)-5（注）。
2）財規ガイドライン72-1-2。
3）措通 61の4(1)-3。
4）措通61の4(1)-9。
5）措通61の4(1)-7。
6）措通61の4(1)-8。

第14章　受取配当金等

14-1.　受取配当等の意義

　受取配当金等は，一般に所有株式に係る配当など他の企業への出資の果実として受取る利益の分配金をいう。税務上の受取配当金等には,他の法人から受ける剰余金の配当,利益の配当または剰余金の分配のほか，会社法上の剰余金の配当等に該当しない税務上の配当等として取扱われる「みなし配当」が含まれる[1]。

　税法は，法人を個人株主の集合体であるとの立場において，法人の所得は終局的には配当により個人株主に帰属すると考えている。かくて，法人税を個人の所得税の前払いとみなす。そして，法人および個人の二重課税を調整するために，所得税法に個人の配当所得に対する配当控除を設けているのである[2]。

　また，法人が他の法人の株式を保有することによる配当の受取りは，受取配当金として益金に算入されるが，配当支払法人と配当受取法人に法人税が2回課せられることから，法人税の重複課税を調整するため，受取配当金を収益に計上しても，課税所得の計算においては，受取配当金の50%が益金不算入としている[3]。

14-2.　短期所有株式に係る受取配当金

　配当等の額の元本である株式等をその配当等の額の支払に係る基準日以前1月以内に取得し，かつ，その株式等またはその株式等と銘柄を同じくする株式等を基準日後2月以内に譲渡した場合には，譲渡した株式等（短期所有株式等）の配当等の額については，益金不算入制度の適用がない[4]。

　これは，決算期直前に株式等を取得して受取配当金を益金不算入とし，配当落ちにより値下がりした株式を直後に売却することにより，有価証券売却損を損金算入するといった二重控除を防ぐためのものと考えられる[5]。

14-3. 負債利子控除

　受取配当金の元本である株式等の取得に必要な支払利子がある場合に,受取配当金より株式等に係る部分の負債利子を控除した金額を益金不算入の対象とする。これは,受取配当金の益金不算入,支払利息による損金算入といった二重控除を回避するためのものである[6]。

14-4. みなし配当

　配当金は利益積立金を源泉とする分配金のことであり,剰余金の処分により決定されるものである。剰余金の処分以外の場合にも,実質的に利益積立金の分配の効果を有する場合があり,かようなものを「みなし配当」という。

　「みなし配当」としては,例えば,合併,分割型分割,資本の払戻し等,自己株式の取得等において,交付を受けた金額のうち支払法人の利益積立金からなる金額がある場合などが考えられ,それは利益配当と実質的に同じである。

　かような「みなし配当」の場合,通常の受取配当金と同じく益金不算入の規定が適用される[7]。

例題14-1

　次の資料にもとづき,Ａ社の当期(自平成31年4月1日至令和2年3月31日)の受取配当等の益金不算入額を計算すると,次のとおりになる。なお,その他の株式等に係わる益金不算入額は配当金収入の50%とし,非支配目的株式等に係わる益金不算入額は配当金収入の20%とする。

【資料】
　当期の受取配当等(源泉所得税控除前の金額)に関する内訳は,以下である。
①X社株式(株式等保有割合1%)に係わる配当金収入 150,000円(非支配目的株式等)
②Y社株式(株式等保有割合7%)に係わる配当金収入 400,000円(その他の株式等)
③Z社株式(株式等保有割合4%)に係わる配当金収入 170,000円(非支配目的株式等)

(1) 受取配当等の額
　①その他の株式等に係わる配当金収入
　　400,000円
　②非支配目的株式等に係わる配当金収入
　　150,000円+170,000円=320,000円

　（2）益金不算入額
　　①その他の株式等に係わる益金不算入額
　　　400,000円×50÷100＝200,000円
　　②非支配目的株式等に係わる益金不算入額
　　　320,000円×20÷100＝64,000円
　　③益金不算入額の合計額
　　　200,000円＋64,000円＝264,000円

【注】
1）法23．24。
2）所法92。
3）ただし，持株比率25％以上の関係法人株式等からの受取配当金については全額益金不算
　　入としている。
4）法23②。
5）中田（2015，p.110）。
6）中田（2015，p.110）。
7）法24。

第15章　受贈益・債務免除益

15-1. 受贈益の意義

　受贈益とは、金銭その他の資産を無償で譲り受けた場合のその金銭の額またはその資産の時価に相当する経済的利益をいう。

15-1-1. 無償譲受け

　各事業年度の益金に算入されるべき金額には，無償による資産の譲受けの収益も含められている[1]。無償で資産を譲り受けた場合には，その時価をもって取得価額とし，受贈益として益金に算入される。また，時価に比較して低い価額で資産を取得したならば，時価と譲受価額との差額が，当事者における贈与の実質を有すると認められる場合，購入価額に贈与額を加えた金額が取得価額となり，その贈与額は益金に算入される。

15-1-2. 会社更生等に係る受贈益

　役員・株主等からの私財提供による受贈益は，益金の額に算入される。しかしながら，その私財提供が会社更生法の規定による更生手続開始の決定があったこと，または民事再生法の規定による再生手続開始の決定があったことなど特定の事実にもとづいてなされた場合，その私財提供による受贈益は，課税されない[2]。

15-1-3. 広告宣伝用資産の受贈益

　販売業者等が製造業者等から資産を無償で取得した場合，製造業者の取得価額を経済的利益の額として益金に算入する。また，製造業者の取得価額より低い価額で販売業者が資産を取得した場合も，その差額を益金に算入する[3]。しかしながら，広告宣伝用資産で次にあげているものを取得した場合には，一定額以内の受贈益に課税されない特例が定められている[4]。

①受贈益の発生のない広告宣伝用資産

　　広告宣伝用の看板，ネオンサイン，どん帳のようにもっぱら製造業者等の広告宣伝用の資産の贈与を受けた場合，経済的利益がないとして課税されない。

②経済的利益の伴う広告宣伝用資産

　　法人が取得した次の広告宣伝用資産について，経済的利益とされる金額は，以下の算式のとおりである。ただし，経済的利益が30万円以下である場合，経済的利益がないものとされる。

$$（製造業者等における取得価額）\times \frac{2}{3}$$
$$-（販売業者等が取得のために支出した額）=経済的利益$$

　(a)　自動車で車体の大部分に一定の色彩を塗装して製造業者の製品名または社名を表示し，広告宣伝目的が明らかなもの

　(b)　陳列棚，陳列ケース，冷蔵庫または容器で，製造業者等の製品または社名の広告宣伝目的が明らかなもの

　(c)　展示用モデルハウスのように製造業者等の製品の見本であることが明らかなもの

15-2.　債務免除益の意義

　債務免除益とは，債権者から債務の免除を受けたときのその免除を受けた額に相当する経済的利益をいう。

15-2-1.　会社更生等に係る債務免除益

　債権者の債務の免除による債務免除益は，益金の額に算入される。しかしながら，その債務免除益が会社更生法の規定による更生手続開始の決定があったこと，または民事再生法の規定による再生手続開始の決定があったことなど特定の事実にもとづいてなされた場合、その私財提供による受贈益は，課税されない[5]。

【注】

1 ）法22②。

2 ）その受贈益の益金算入額と欠損金の損金算入額とが相殺される結果となる。

3 ）法22②。

4 ）基通 4 - 2 - 1 。

5 ）その債務免除益の益金算入額と欠損金の損金算入額とが相殺される結果となる。

第16章　受取利息と使用料

16-1.　受取利息

16-1-1.　受取利息の意義

　預貯金，公社債，貸付金等の元本の果実として，時の経過に伴い生ずる利子を受取利息という。受取利息は，原則として発生基準の一種である「期間対応基準」により，その計算期間の経過に応じて収益計上するものとされている[1]。

　なお，経過期間に対応する利払期未到来の利子は，未収収益として計上する。

16-1-2.　一般事業法人のための特例的計上基準

　主として金融および保険業を営む法人以外の一般事業法人の受取利息については，次の条件を満たす場合，利払期の到来のつど収益に計上する「利払期基準」によることができる[2]。

　①利子の支払期日が1年以内の一定期間ごとに到来するものであること
　②「利払期基準」を継続適用していること

　なお，受取利息と見合い関係にある支払利息を「期間対応基準」により計上している場合，その受取利息の収益計上も「期間対応基準」によらなければならない[3]。

16-2.　使用料

16-2-1.　使用料の意義

　ここでの使用料で最も一般的なものは，土地，建物その他の資産の賃貸借契約にもとづき，その使用の対価として支払を受ける地代，家賃等の賃貸料である。また，この他に，工業所有権等またはノーハウを他の者に使用させることにより支払いを受ける使用料もある。

16-2-2. 賃貸借に係る使用料

賃貸借契約にもとづいて支払いを受ける地代，家賃その他の使用料等に適用される計上基準は次である[4]。

①原　則

前受金部分を除き，契約または慣習によりその支払いを受けるべき日に収益計上する「支払期日基準」による。

②特　例

賃貸借契約の存否に係争がある場合には，相手方の供託の有無にかかわりなく，係争が解決して金額が確定し，その支払いをうけることとなる日まで収益計上を見合わせる「収益計上抑制基準」を適用することができる。

16-2-3. 工業所有権等の使用料

工業所有権等またはノウハウを他の者に使用させることにより支払いを受ける使用料の計上基準は次である[5]。

①原　則

使用料の額が確定した日に収益計上する「金額確定日基準」による。

②特　例

契約による使用料の支払期日に収益計上する「支払期日基準」も，継続適用を条件として認められる。

【注】
1）法基通2-1-24。
2）法基通2-1-24但書。
法人の有する貸付金またはその貸付金に係る債務者について，債務者が債務超過に陥っているなどの相当の理由により，督促したにもかかわらず，年度末前6か月以内に期限の到来した利子（最近発生利子）が未収となっていて，年度末前6か月以内に以内に支払いを受けた最近発生利子以外の利子が全くないか極めて少額であること，債務者につき会社更生法にもとづく更生手続が開始されたことなど，特定の事実が生じた場合には，その年度に係る利子を益金に算入しないことができる（法基通2-1-25）。
3）支払いを法基通2-1-24（注）1
4）法基通2-1-29。
5）法基通2-1-30。

第17章　繰延資産

17-1.　繰延資産の意義

　繰延資産とは，法人が支出する費用のうち，資産の取得に要した金額とされるべき費用および前払費用を除く費用で，支出の効果がその支出の日以後1年以上に及ぶものをいう[1]。

17-2.　繰延資産の範囲

　法人税法においては，①創立費②開業費③開発費④株式交付費⑤社債発行費等⑥その他の繰延資産を繰延資産と定めている[2]。

17-2-1.　創立費

　創立費とは，発起人に支払う報酬，設立登記のために支出する登録税，その他法人の設立のために支出する費用で，その法人の負担に帰すべきものをいう。
　より具体的には，定款及び諸規則作成のための費用，株式募集その他のための広告費，株式申込証・目論見書・株券等の印刷費，創立事務所の賃借料，設立事務に使用する従業員の手当給料等，金融機関の取扱手数料，証券会社の取扱手数料，創立総会に関する費用その他会社設立事務に関する必要な費用，発起人が受ける報酬で定款に記載して創立総会の承認を受けた金額並びに設立登記の登録税等をいう[3]。

17-2-2.　開業費

　開業費とは，法人の設立後営業を開始するまでの間に，開業準備のために特別に支出する費用をいう。より具体的には，土地・建物の賃借料，広告宣伝費，通信交通費，事務用消耗品費，支払利子，使用人の給料，保険料，電気・ガス・水道料等をいう[4]。

17-2-3. 開発費

　開発費とは，新技術もしくは新経営組織の採用，資源の開発，市場の開拓または新事業の開始のために特別に支出する費用をいう。

17-2-4. 株式交付費

　株式交付費とは，株券等の印刷費，増資登記の登録免許税等，自己株式の交付のために支出する費用をいう。

17-2-5. 社債発行費等

　社債発行費等とは，社債券やその他債券（新株予約券を含む）の発行のために支出する費用をいい，より具体的には，社債募集のための広告費，金融機関の取扱手数料，証券会社の取扱手数料，社債申込証・目論見書・社債券等の印刷費，社債の登記の登録税，その他社債発行のために直接支出した費用をいう[5]。

17-2-6. その他の繰延資産

　これまで説明した通常の繰延資産のほかに，税法独自の繰延資産がある。次に掲げる費用で支出の効果が，支出の日以後1年以上に及ぶものは繰延資産とされる[6]。

①自己が便益を受ける公共的施設または共同的施設の設置または改良のために支出する費用
②資産を賃借しまたは使用するために支出する権利金，立退料その他の費用
③役務の提供を受けるために支出する権利金その他の費用
④製品等の広告宣伝の用に供する資産を贈与したことにより生ずる費用
⑤①から④までに掲げる費用のほか，自己が便益を受けるために支出する費用

17-3. 繰延資産の償却

　繰延資産の償却費は，法人が損金経理した金額のうち，法定の償却限度額に達する金額まで，損金に算入される[7]。もし仮に，損金経理された繰延資産の償却費と償却限度額との間に差異があるならば，償却不足や償却超過が生じる[8]。

償却超過は，損金不算入とされるが，通常の繰延資産には生ぜず，その他の繰延資産（税法が独自に定めた項目）の償却において生ずる。

17-3-1.　通常の繰延資産の償却

通常の繰延資産は，その繰延資産の額が償却限度額となる。平成18年の企業会計基準委員会実務対応報告第19号「繰延資産の会計処理に関する当面の取扱い」において，繰延資産の支出時費用処理を原則としながら，繰延資産に計上できるとし，償却年数を示している。

創立費は会社設立後，開業し，事業収益が計上されるようになりはじめてその費用の効果が現れるとみるべきで，その費用効果の発現期間は，理論的には当該企業の全存続期間となる。したがって，継続企業を前提とする今日の企業会計からすれば，創立費は永久資産となり償却不要説が現れる。しかし，繰延資産の当面の取扱いは，創立費の資産計上を認めても早期に償却すべきであるという要償却説をとり，会社成立のときから5年以内のその効果の及ぶ期間にわたって，定額法により償却しなければならない。

開業費についても理論的には創立費と同様に永久資産説があるが，繰延資産の当面の取扱いは早期償却説をとり，開業のときから5年以内のその効果の及ぶ期間にわたって，定額法によって償却しなければならない。

開発費は支出のときから5年以内の効果の及ぶ期間にわたって，定額法その他合理的な方法により規則的に償却しなければならない。

株式交付費は，株式の交付のときから3年以内のその効果の及ぶ期間にわたって，定額法により償却をしなければならない。

社債発行費は，社債の償還までの期間にわたって利息法により償却しなければならないが，継続適用を条件として，定額法を採用することもできる。

また，新株予約権の発行に係る費用に関しても，資金調達などの財務活動（組織再編の対価として新株予約権を交付する場合を含む）に係るものについては，社債発行費と同様に繰延資産として会計処理することができる。この場合，新株予約権の発行から，3年以内のその効果の及ぶ期間にわたって，定額法により償却をおこなわなければならない。

17-3-2. その他の繰延資産の償却

　その他の繰延資産の償却限度額については，その費用の支出の効果の及ぶ期間の月数で除して，これにその事業年度の月数を乗じて計算する。この場合，支出の日の属する事業年度については，その事業年度の月数は支出の日からその事業年度終了の日までの月数とする[9]。

　算式は次である。

　　（繰延資産の額）×（当月の月数）/支出の効果の及ぶ期間の月数
　　　　　　　　　　＝償却限度額

　かような繰延資産の償却期間は通達において定められている[10]。

　例えば，公共的施設の負担金の場合，（a）施設が負担者によってもっぱら使用されている場合には，（施設の耐用年数）× 7 /10で計算され，その他の場合には，（施設の耐用年数）× 4 /10で算定される。

17-4. 少額繰延資産

　均等償却方式による償却限度額計算の対象となるため自由償却が認められない税法固有のその他の繰延資産であっても，支出金額が20万円未満であるものについては，支出日の属する事業年度において損金経理した場合，その全額を損金の額に算入することができる[11]。

【注】
1）法 2 ㉔，法令14①。
2）法令14①。
3）「財規ガイドライン」36. 2。
4）「財規ガイドライン」36. 2。
5）「財規ガイドライン」36. 4。
6）法令14①八。
7）法32。
8）法令64。
9）月数は暦にしたがって計算し， 1 か月に満たない端数が生じた場合は 1 か月として計算する。（法32，法令64）。
10）基通 8 - 2 - 3 。
11）法令134。

第18章　有価証券

18-1.　有価証券の意義

　有価証券は一般には，財産権を表章する証券であり，権利の移転または行使に証券の占有を必要とするものとされていることから，これには，小切手，手形，株券，債券，貨物引換証券，倉庫証券，船荷証券，商品券等が含まれる。しかしながら，ここでの有価証券は，譲渡原価の計算または期末評価の対象となるものに限定している。具体的には，金融商品取引法第2条第1項に規定する有価証券その他これに準ずるもので，政令で定めるものをいう[1]。

18-2.　有価証券の範囲

　有価証券の主要項目を示すならば，次のとおりである。

①国債証券
②地方債証券
③特別の法律により法人（農林中央金庫等）が発行する債券
④社債券
⑤特別の法律により設立された法人（日本銀行等）の発行する出資証券
⑥株券・新株引受権証券
⑦証券投資信託・外国証券投資信託の受益証券
⑧貸付信託の受益証券
⑨法人が事業に必要な資金を調達するために発行する約束手形のうち，内閣府令で定めるもの（コマーシャル・ペーパー）等

18-3.　有価証券の処理

18-3-1.　有価証券の譲渡損益

　有価証券の譲渡損益額は次の式のとおりである。

譲渡対価額 − 譲渡原価 ＝ 譲渡損益

譲渡損益は，譲渡契約日の属する事業年度に計上する。

なお，譲渡原価額は次の式のとおりである。

$$\left(\begin{array}{l}\text{移動平均法または総平均法により}\\\text{算出した一単位当たり帳簿価額}\end{array}\right) \times (\text{譲渡有価証券の数}) = (\text{譲渡原価})$$

　1単位当たりの帳簿価額の計算は，有価証券の取得価額をもとに，有価証券を①売買目的有価証券[2] ②満期保有目的等有価証券[3] ③その他有価証券[4] の区分別に各々銘柄ごとにおこなう。

18-3-2. 有価証券の取得価額

　有価証券の取得価額は，取得方法別に，主として，次のとおりに算定する[5]。

　①購入した有価証券

　　その購入代価（購入手数料等のある場合，取得費用に加算する）。

　②金銭払込みにより取得した有価証券

　　その払込み金額（取得費用のある場合にはそれを加算する）。

18-3-3. 有価証券の1単位当たりの帳簿価額

　有価証券の1単位当たりの帳簿価額は，移動平均法または総平均法のいずれかを選定する。かような選定は，有価証券の区分ごとにおこない，かつ，有価証券の種類ごとにおこなわなければならない[6]。有価証券は価格変動が大きい場合が多く，その平均単価の算定が重要であることから，これら2つの平均法が用いられる。なお，算出方法を選定しなかった場合，または，選定した方法により算出しなかった場合には，法定算出方法として，移動平均法が用いられる[7]。

18-4. 有価証券の評価損益

　税法上は，売買目的有価証券については，時価法を適用し，評価益や評価損は益金・損金に算入される。一方，売買目的外有価証券は，原価法が適用される。

18-4-1.　売買目的外有価証券の評価

　売買目的外有価証券は，原価法が適用される。なお，売買目的外有価証券で，償還期限および償還金額の定めのあるものについては，帳簿価額と償還金額との差額（償還差額）のうち，その事業年度に配分すべき金額を，加算・減算した金額が評価額とされる[8]。

18-4-2.　売買目的有価証券の評価

　事業年度末に売買目的有価証券を有する場合には，その売買目的有価証券の評価益は益金に，評価損は損金に算入される。なお，売買目的有価証券の評価益・評価損は，翌事業年度に洗替法で処理される[9]。

例題18 - 1

　次の資料により，所得金額を求めると次のようになる。

【資料】

①当期利益の額　　　　　　　　　　　　　42,000,000円

②所得金額の計算上税務調整すべき事項

　　(a)　棚卸資産評価損の損金不算入額　　2,700,000円

　　(b)　有価証券評価損の損金不算入額　　　450,000円

　　(c)　土地評価損の損金不算入額　　　　9,000,000円

所得金額の計算（別表四）

	摘要	金額
	当期利益	42,000,000円
加	棚卸資産評価損の損金不算入額	2,700,000
	有価証券評価損の損金不算入額	450,000
	土地評価損の損金不算入額	9,000,000
算	小計	12,150,000
減		
算	小計	
	仮計	54,150,000
	法人税額から控除される所得税額等	200,150
	合計・総計・差引計	54,350,150
	所得金額	54,350,150

124　|

【注】
1）法2⑳，法令11。
2）売買目的有価証券には①短期売買取引専担者が短期売買目的で，その取得取引をおこなったもの（専担者売買有価証券）②短期売買目的有価証券の取得である旨を帳簿に記載したもの③金銭信託のうち，金銭支出日に短期売買目的有価証券の取得である旨を帳簿に記載したものが含まれる。
3）満期保有目的等有価証券には①償還期限まで保有する目的で取得した旨を取得日に有価証券帳簿に記載した者ものと②企業支配株式等（株式等保有割合20％以上）が含まれる。
4）売買目的有価証券と満期保有目的等有価証券以外の有価証券をいう。
5）法令119①。
6）法令119の5。
7）法令119の7。
8）償却原価法。
9）法61の3③，法令119の15。

第19章　リース取引

19-1.　リースの区分

　リース取引の形態には，大きくは，オペレーティング・リースとファイナンス・リース２つがある。オペレーティング・リースは，通常の賃貸借取引として，支払賃借料を費用処理し，税務上のリース取引の対象外である。一方，ファイナンス・リースは，資産の売買取引として処理する。また，ファイナンス・リースには，所有権移転リース取引と所有権移転外リース取引とがあり，税法では所有権移転外リース取引を中心に，リース取引の処理が規定されている。

19-2.　リース取引・リース資産等の定義

　ファイナンス・リース取引とは，次の要件に該当する資産の賃貸借をいう[1]。

　①賃貸借契約が賃貸借期間の中途に解除できないもの
　②賃借人が賃貸借資産からもたらされる経済的利益を享受し，かつ，資産使用に伴う費用を実質的に負担するもの

　リース資産とは，所有権移転外ファイナンス・リース取引において取得した減価償却資産をいう[2]。また，所有権移転外ファイナンス・リース取引をおこなった場合，リース資産の引渡しのさいに売買があったものとされる[3]。
　所有権移転外ファイナンス・リースとは，次のいずれかに該当するもの以外のリース取引をいう[4]。

　（a）リース期間の終了時または中途において，リース資産が無償または名目的対価価額で，賃借人に譲渡されるもの
　（b）賃借人に対し，リース期間の終了時または中途において，リース資産を著しく有利な価額で買い取る権利が与えられているもの

（c）リース資産の種類，用途，設置の状況等に照らし，リース資産がその使用可能期間中，その賃借人によってのみ使用される見込みであり，またはリース資産の識別が困難であるもの

（d）リース期間がリース資産の耐用年数に比べて相当短いもの[5]

この場合の「相当短いもの」とは，リース期間がリース資産の耐用年数の70%（耐用年数10年以上のリース資産については60%）に相当する年数を下回る期間であるものをいう[6]。

所有権移転ファイナンス・リースとは，ファイナンス・リース取引で，所有権移転外ファイナンス・リース取引以外の取引をいい[7]，所有権移転ファイナンス・リース取引で取得された資産は，通常の減価償却方法が適用される[8]。

19-3. リース資産の減価償却

所有権移転外ファイナンス・リース取引で取得されたリース資産は，リース期間定額法で償却される[9]。

19-3-1. リース期間定額法

リース期間定額法の算式は，次のとおりである。

$$\text{リース資産の取得価額} \times \frac{\text{当該事業年度のリース期間の月数}}{\text{リース期間の月数}} = \text{償却限度額}$$

なお，残価保証額がある場合には取得価額からそれを控除する。

19-3-2. 賃借料として経理した場合

リース資産について賃借料として損金経理した金額は，償却費として損金経理した金額に含まれる[10]。

19-3-3. リース資産の取得価額

賃借人のリース資産の取得価額は，原則としてそのリース期間中に支払うべ

きリース料の合計額による。ただし，リース料の合計額のうち利息相当額を合
理的に区分することができる場合には，利息相当額控除後の額をリース資産の
取得価額とすることができる[11]。

19-4.　リース取引における賃貸人の処理

　所有権移転外ファイナンス・リース取引における賃貸人である法人は，リー
ス資産の引渡日にリース資産の売買があったものとして，各事業年度の所得金
額を計算する[12]。

【注】
1）法64の2③。
2）法令48の2⑤四。
3）法64の2①。
4）法令48の2⑤五。
5）賃借人の法人税を著しく軽減するものに限る。
6）基通7-6の2-7。
7）基通7-6の2-10（1）。
8）定額法，定率法，生産高比例法のいずれかがが適用される。
9）法令48の2①六。
10）法令131の2③。
11）基通7-6の2-9。

第 20 章　引当金

20-1.　税務上の引当金制度

　法人税法では，損金に算入する販売費，一般管理費その他の費用は，償却費を除き，原則として期末までに債務の確定しているものに限るとしている[1]。ゆえに，債務が未確定な引当金は，法人税法上，原則として認められない。しかしながら，企業会計で適正な損益計算に必要なものとして一般に認められている引当金については，特に法令に別段の定めを設け，税法上の繰入を認めている。

　法人税法に定められた引当金の損金算入には損金経理が必要であり，損金経理額のうち繰入限度額の範囲内で損金に算入される。税法上は，貸倒引当金その他定められた引当金について，繰入額と取崩額を総額で経理する洗替法が原則である。ただし，繰入額と取崩額の差額を損金経理により繰入または取崩している差額補充法でも，確定申告書の明細書にその相殺前の総額にもとづく繰入であることを明らかにしている場合には，総額により繰入と取崩があったものとされる[2]。

20-2.　貸倒引当金

20-2-1.　貸倒引当金の繰入と洗替

　貸倒引当金は，金銭債権（売掛金，受取手形，貸付金等）について，将来に発生が予測される貸倒れの損失を計上するものであり，法人税法に定められた引当金である。なお，平成23年度税制改正により，貸倒引当金を適用できる法人は，資本金1億円以下の中小法人等，銀行，保険会社等に限定された[3]。

　法人が，保有する金銭債権の貸倒等による損失の見込額として，各事業年度において損金経理により貸倒引当金勘定に繰入れた金額については，一定の金額に達するまでの金額は，損金に算入する[4]。

貸倒引当金の損金算入限度額は次の式のとおりである。

$$\left(\begin{array}{c}\text{個別評価債権貸倒}\\\text{引当金繰入限度額}\end{array}\right) + \left(\begin{array}{c}\text{一括評価債権貸倒}\\\text{引当金繰入限度額}\end{array}\right) = 貸倒引当金繰入限度額$$

　個別評価する金銭債権の貸倒引当金の繰入限度額は，当該事業年度末において，その一部について貸倒その他これに類する事由による損失が見込まれる金銭債権のその損失の見込額の合計額である[5]。

　具体的な事由として次があげられる[6]。

①当該金銭債権が次の事由により，弁済が猶予，または賦払弁済される場合，その金銭債権額のうち，その事由が生じた事業年度の終了日の翌日から5年経過日までに弁済されることになっている金額を差引いた額[7]

　(a) 会社更生法・金融機関の更正手続特例法の規定による更生計画認可の決定

　(b) 民事再生法の規定による再生計画認可の決定

　(c) 会社法の規定による特別清算に係る協定の認可の決定

　(d) 法令の規定による整理手続によらず，関係者の協議決定で次に掲げるもの

　　a.債権者集会の協議決定で合理的基準により債務者の負債整理を定めているもの

　　b.行政機関・金融機関等の第三者のあっせんにより当事者間の協議により締結された契約により債務者の負債整理を定めているもの

②①以外で，債務者の債務超過の状態が相当期間継続してその事業好転の見通しがないこと，災害，経済事情の急変等により多大の損害が生じたこと等により，その金銭債権の一部の金額について取立ての見込がないと認められる場合における，取立見込のない一部の金額

③①，②以外で，次の事由が生じている場合には，その金銭債権の100分の50に相当する額

　(a) 会社更生法・金融機関の更生手続特例法の規定による更生手続開始の

申立

(b) 民事再生法の規定による再生手続開始の申立

(c) 破産法の規定による破産の申立

(d) 会社法の規定による特別清算開始の申立

(e) 手形交換所による取引停止処分があったこと[8]

これらの事由により，個別評価により貸倒引当金に繰入れるためには，これらの事由が生じていることを立証する書類等の関係書類を保存することが必要である[9]。

例題20-1

次の資料にもとづき，個別評価金銭債権に係る貸倒引当金の繰入限度額を求めると次のようになる。なお，当該企業は中小法人である。

【資料】

当社には受取手形が52,000,000円あるが，このうち甲社から受領した手形4,600,000円は，同社が手形交換所で取引停止処分を受けたことにより満期不渡りとなっている。

4,600,000円×50÷100＝2,300,000円

例題20-2

次の資料にもとづき，当社（期末資本金額70,000,000円）の当期（自平成28年4月1日至平成29年3月31日）における個別評価金銭債権に係る貸倒引当金の繰入超過額を計算すると次のようになる。

【資料】

①当社の取引先であるA社は，平成28年12月13日に更生手続開始の申立てをおこなっている。

②当社は当期末現在，A社に対する売掛金10,000,000円を有している。

③当社は損金経理によって，個別評価金銭債権に係る貸倒引当金8,000,000円を設定している。

繰入限度額＝10,000,000円×50÷100＝5,000,000円

繰入超過額＝8,000,000円－5,000,000円＝3,000,000円

　次に，一括評価する金銭債権に対する貸倒引当金の繰入限度額であるが，一般売掛債権等（売掛金，貸付金等で個別評価対象金銭債権を除いたもの）については，一括して評価する債権として，貸倒実績率により貸倒引当金の繰入限度額を計算する[10]。

　対象となる金銭債権には，(a) 受取手形 (b) 割引手形，裏書手形（既存債権の回収として取得したものに限る）(c) 売掛金 (d) 貸付金（従業員貸付金等も含まれる）(e) 貸付金の未収利息，未収入金等があげられる。なお，仮払金や立替金については実施的内容により判定する。また，前払給料，概算払旅費のように将来精算される費用の前払的なものは除かれる。

　対象とならない金銭債権には，(a) 預貯金の未収利息等 (b) 保証金，敷金，預け金等 (c) 手付金，前渡金等 (d) 仕入割戻しの未収金があげられる。

$$\left(\begin{array}{l}\text{事業年度末一般売掛債権等の}\\\text{帳簿価額合計額}\end{array}\right) \times \text{貸倒実績率} = \text{繰入限度額}$$

　貸倒実績率は，（その事業年度開始日前 3 年以内に開始した各年度の売掛債権等の貸倒損失の額＋個別評価分引当金繰入額－戻入額）に12/（左の各年度の合計月数）を乗じて，それを（その事業年度開始日前 3 年以内に開始した各年度の終了時における一般売掛金等の帳簿価額合計額÷左の各年度の数）で除して求める。

例題20 - 3

　次の資料から，各金銭債権を，貸倒引当金の設定対象となるものと，設定対象とならないものに区分し，期末一括評価金銭債権の額の合計額を計算すると次のようになる。

【資料】
　　①売掛金3,160,000円　　　②仮払金（給料の前払）193,000円
　　③従業員貸付金250,000円　④受取手形4,300,000円
　　⑤差入保証金3,150,000円　⑥割引手形500,000円
　　設定対象となるものは，①売掛金③従業員貸付金④受取手形⑥割引手形である。期末一括評価金銭債権の額の合計額は，3,160,000円＋250,000円＋4,300,000円＋500,000円＝8,210,000円である。

　なお，貸倒引当金の設定対象となる債権について，その相手先から受入れた金額（買掛金，支払手形，保証金，借入金等）で相殺関係にあるものがある場合には，次の方法によって計算した金額について期末一括評価金銭債権の額から控除する。

$$\underset{(債権)}{当社の有する債権の額} \gtreqless \underset{(債務)}{その相手先から受入れた金額}$$

いずれか少ない金額

↓

実質的に債権とみなされないものの額

例題20-4

　次の資料により実質的に債権とみなされないものの額を求めると次のようになる。

【資料】
①当社には甲社に対する売掛金が600,000円あるが，同社に対する買掛金が800,000円ある。
②当社は乙社からの受取手形が2,000,000円あるが，同社に対する買掛金が1,600,000円ある。
③当社には丙社に対する売掛金が400,000円あるが，同社に対する支払手形が600,000円ある。

①600,000円＜800,000円　　　　したがって600,000円
②2,000,000円＞1,600,000円　　したがって1,600,000円
③400,000円＜600,000円　　　　したがって400,000円

20-2-2. 中小企業の場合

　中小企業に関しては，租税特別措置法によって，一括して評価する債権について，法定繰入率による繰入が認められている[11]。なお，資本金1億円超の普通法人および相互会社は，対象企業から除かれる[12]。

　中小企業の法定繰入率であるが，卸売・小売業で1,000分の10，製造業で1,000分の8，金融・保険業で1,000分の3，割賦販売小売業等で1,000分の13，その他の事業で，1,000分の6である[13]。

売掛金，貸付金等について，債務者から受入れた金額（買掛金，借入金等）があるため実質的に債権とみられない部分の金額は，その帳簿価額から控除する[14]。

20-2-3. 洗替法

貸倒引当金に繰入れた金額は，翌事業年度に洗替して，全額を益金に算入しなければならない[15]。

例題20-5

次の資料により一括評価金銭債権に係る貸倒引当金の繰入限度額を計算すると次のようになる。

【資料】
　①期末現在資本金額　　　　　60,000,000円
　②業種　　　　　　　　　　卸売業
　③期末債権の内訳
　　受取手形　　　　9,000,000円
　　割引手形　　　　2,250,000円
　　売掛金　　　　13,500,000円
　（この中には甲社に対するものが500,000円含まれているが，同社に対しては買掛金が450,000円ある。）
　①期末一括評価金銭債権の額
　　9,000,000円＋2,250,000円＋13,500,000円＝24,750,000
　②実質的に債権とみなされないものの額　　　450,000円
　③差引期末一括評価金銭債権の額
　　24,750,000円－450,000円＝24,300,000
　④繰入限度額
　　24,300,000円×10÷1,000＝243,000円

例題20-6

次の資料にもとづき，卸売業を営むA社の当期（自平成28年4月1日至平成29年3月31日）における貸倒引当金の繰入限度超過額を計算すると次のようになる。

【資料】
　①期末資本金の額　　　　　　　　60,000,000円
　②A社損金経理により貸倒引当金勘定へ繰入れた金額　　2,600,000円

③期末における債権の内訳
　受取手形　　　76,000,000円
　このほか割引手形が24,000,000円ある。
　売掛金　　　110,800,000円
　この中には買掛金が2,400,000円ある乙社に対する売掛金2,000,000円が含ま
れている。
　前渡金　　　　　　　　　　4,000,000円
　貸付金　　　　　　　　　20,000,000円
　これは取引先に対するものである。
　貸付金の未収利子　　120,000円
　これは上記の貸付金に係るものである。
　仕入割戻しの未収金　300,000円
④一部につき貸倒が見込まれる債権はない。
⑤繰入率は法定繰入率（10/1,000）
　(a) 期末一括評価金銭債権の額
　　　76,000,000円＋24,000,000円＋110,800,000円＋20,000,000円＋120,000円
　　　＝230,920,000円
　(b) 実質的に債権とみなされないものの額
　　　2,000,000円＜2,400,000円　　したがって2,000,000円
　(c) 差引期末一括評価金銭債権の額
　　　230,920,000円－2,000,000円＝228,920,000円
　(d) 繰入限度額
　　　228,920,000円×10÷1,000＝2,289,200円
　(e) 繰入超過額
　　　2,600,000円－2,289,200円＝310,800円

20-3. 申告調整額の計算および処理

　会社が貸倒引当金繰入額として損金経理した金額と法人税法上の繰入限度額
との差額は別表四の「加算額」を用いて調整することになる。また，前期の貸
倒引当金の繰入限度超過額は「減算欄」を用いて認容処理することになる。

例題20 - 7

次の資料により所得金額を求めると次のようになる。

【資料】
　①当期利益の額　　　　　　　　　　　　23,900,000円
　②所得金額の計算上税務調査すべき事項
　　(a) 貸倒引当金繰入超過額　　　　　313,000円
　　(b) 貸倒引当金繰入超過額の当期容認額　167,900円

所得金額の計算（別表四）

摘要		金額
当期利益		23,900,000円
加	貸倒引当金繰入超過額	313,000
算	小計	313,000
減	貸倒引当金繰入超過額の当期認容額	167,900
算	小計	167,900
	仮計	24,045,100
	合計・総計・差引計	24,045,100
	所得金額	24,045,100

例題20 - 8

次の資料により所得金額を求めると次のようになる。

【資料】
　1．当期利益の額　　　　　　　　　　　　70,000,000円
　2．所得金額の計算上税務調整すべき事項
　　①損金の額に算入した中間納付の法人税額　16,000,000円
　　②損金の額に算入した中間納付の住民税額　4,000,000円
　　③損金の額に算入した納税充当金　　　　23,000,000円
　　④納税充当金から支出した事業税等の金額　4,600,000円
　　⑤貸倒引当金に関する事項
　　　(a) 損金経理により貸倒引当金勘定に繰入れた金額　1,100,000円
　　　(b) 法人税法上の貸倒引当金繰入限度額　723,680円
　　　(c) 貸倒引当金繰入超過額の当期容認額　248,660円

所得金額の計算（別表四）

	摘要	金額
	当期利益	70,000,000円
加	損金の額に算入した中間納付の法人税額	16,000,000
	損金の額に算入した中間納付の住民税額	4,000,000
	損金の額に算入した納税充当金	23,000,000
	貸倒引当金繰入超過額	376,320
算		
	小計	43,376,320
減	納税充当金から支出した事業税等の金額	4,600,000
	貸倒引当金繰入超過額の当期認容額	248,660
算		
	小計	4,848,660
	仮計	108,527,660
	合計・総計・差引計	108,527,660
	所得金額	108,527,660

【注】

1）法22③。

2）基通11-1-1。

3）平成24年4月1日以後開始年度に適用。

4）法52。

5）法52①。

6）法52①，法令96①一～四，規25の2，規25の3。

7）担保権の実行等により取立等の見込がある部分を除く。

8）手形交換所のない地域における手形交換業務をおこなう銀行団も手形交換所に含める。

9）法令96④。

10）法52②，法令96⑥。

11）措法57の9①。

12）措法57の9①，措令33の7④。

13）措令33の9④。

14）措法57の9①，措令33の7②。

15）法52⑩。

第 21 章　準備金

21-1.　準備金の意義

　税務上，準備金は，引当金の場合と同様に，見積費用の損金算入を禁じた課税所得の通則に対する別段の定めにより，特別に設定することが認められている。準備金は，租税特別措置法の規定にもとづいて，将来の特定の支出に備え，または充てるために，あるいは将来の特定の損失に備えるために，一定の金額を損金に算入して積立てるものである。

　かような税務上の準備金は，基本的には，公共政策配慮の見地から特段の措置として設定することが認められているものであり，一般的に引当金の要件を満たし得るものではないことから，概ね利益留保の性格を有するとみることができる。

21-2.　租税特別措置法における準備金

　租税特別措置法に定める主要な準備金には，海外投資等損失準備金，金属鉱業等鉱害防止準備金，特定災害防止準備金，使用核燃料再処理準備金，原子力発電施設解体準備金，異常危険準備金，特別修繕準備金等がある。

　租税特別措置法に規定する準備金は，積立額と取崩額を総額で経理することが原則である。ただし，積立額と取崩額の差額を積立または取崩している場合でも，確定申告書の明細書にその相殺前の総額にもとづく積立てであることを明らかにしている場合には，総額で積立と取崩があったものとされる[1]。

21-3.　海外投資等損失準備金

　準備金の代表例として海外投資等損失準備金がとりあげられることがおおいことから，本書でも，以下，海外投資等損失準備金を例に準備金を説明していこう。

21-3-1. 積立限度額

　日本の法人が海外の発展途上国に進出して事業をおこなう場合，危険を少なからず抱えていると考えられる。かようなことから，海外投資を奨励し，危険に備えて十分な留保を保有することから，投資された株式等に対し海外投資等損失準備金が設けられている。特定株式等の取得価額に一定割合を乗じて海外投資等損失準備金を積立てた場合，かような積立額は損金に算入される。なお，積立は損金経理または当該事業年度の決算確定日までに剰余金の処分によりおこなわれる必要がある[2]。次の式は積立限度額を表わしている。

　　特定株式等の取得価額×一定の割合＝積立限度額

　この場合の一定の割合であるが，①資源開発事業法人の場合，新増資資源株式等または購入資源株式等に対して30/100の積立割合であり，②資源開発投資法人の場合，新増資資源株式等に対して30/100の積立割合であり，③資源探鉱事業法人の場合，新増資資源株式等または購入資源株式等に対して90/100の積立て割合であり，④資源探鉱投資法人の場合，新増資資源株式等に対して90/100の積立割合である[3]。

　海外投資等損失準備金に関して，法人がおこなった損金経理額が積立限度額を超える場合には，その限度超過額は損金不算入となり，申告調整において加算されることになる。また，剰余金の処分で海外投資等損失準備金を積立てた場合には，その積立額を減算して所得金額を計算することから，申告調整が必要となる。

21-3-2. 準備金の益金算入[4]

　海外投資等損失準備金は積立てた後5年間据置かれ，その後の5年間で均等に益金に算入する。この算式は次のとおりである。

　　（措置期間経過準備金額）×（その事業年度の月数）／60＝益金算入額

　剰余金処分方式による場合は，戻入額を申告調整により加算して所得金額を計算することが必要である。剰余金処分方式による準備金の積立額および戻入

額は，株主資本等変動計算書に示される。

【注】
1）措通55 ～ 57の8（共）。
2）措通55①。
3）措通55①。
4）特定法人が解散した場合等には準備金は益金に算入される。

第22章　資本金等の額・利益積立金額・欠損金

22-1.　資本金等の額

　法人税法における固有概念である資本金等の額とは，法人が株主等から出資を受けた金額として政令で定める金額をいう[1]。政令では，資本金等の額は，資本金の額または出資金の額に，当該事業年度前の各事業年度（過去事業年度）と当該事業年度開始の日以後の加算項目および減算項目の金額を加減して算定するものとしている[2]。かような資本金等の額は，株主等の拠出による払込資本を内容としており，利益とは本質的に区別されるべき資本を意味する。

22-2.　利益積立金額

　利益積立金額は，基本的には法人の設立以来の所得の金額の累積留保分であり，資本金等の額とは性格を異にする。また，利益積立金額は，株主等に対する配当等の原資となり，個人の株主等に帰属した段階で配当課税の対象になる。

　法人税法における利益積立金額とは，法人（連結申告法人を除く）の所得の金額で留保している金額として政令で定める金額をいい[3]，政令では，かような利益積立金額は，当該事業年度前の各事業年度（過去事業年度）と当該事業年度開始の日以後の加算項目および減算項目の金額を加減して計算するものとしている[4]。

22-3.　欠損金

　各事業年度の損金の額がその事業年度の益金の額を超える場合，その超える金額は欠損金額となる[5]。

22-3-1.　欠損金の繰越

　各事業年度の所得に対して課せられる法人税は，原則として，その事業年度の所得金額を対象とすることから，他の事業年度の欠損金は所得計算において考慮にいれないが，青色申告年度に生じた欠損金は，9 年間の繰越が認められる。

　確定申告提出法人の各事業年度開始の日前 9 年以内に開始した事業年度において生じた欠損金額がある場合，その欠損金額を，各事業年度の所得金額の計算上損金に算入するものの，中小企業者等を除き，当該事業年度の所得金額の80％を超える額は，繰越控除の対象にならない[6]。かような中小企業等には，普通法人の中で資本金の額もしくは出資金の額が 1 億円以下であるもの（資本金 5 億円以上法人の完全支配関係法人を除く），公益法人等または協同組合等，人格のない社団等が含まれ，所得金額の80％制限は適用されない。

　確定申告提出法人の各事業年度開始の日前 9 年以内に開始した事業年度（青色申告書を提出していない）において生じた欠損金のうち，棚卸資産，固定資産，繰延資産について震災，風水害，火災等により生じた損失による欠損金がある場合は，その災害損失金を各事業年度の所得金額の計算上，損金の額に算入する。ただし，中小企業者等を除き，当該事業年度の所得金額の80％を超える額は，繰越控除の対象にならない[7]。

22-3-2.　欠損金の繰戻

　法人が青色申告書である確定申告書を提出する事業年度に欠損金額が生じた場合（欠損事業年度），欠損事業年度開始の日前 1 年以内に開始したいずれかの事業年度（還付所得事業年度）の法人税額について，還付を受けることができる[8]。

　還付金額は，（還付所得事業年度の法人税額）に（欠損事業年度の欠損金繰戻額）／（還付所得事業年度の所得金額）を乗じて還付金額を求める[9]。

【注】

1）法2⑯。

2）法令8①。代表的な加算項目と減算項目は，加算項目として，①株式発行②自己株式の譲渡③会社合併・分割，株式交換・移転などがあげられ，減算項目としては，①準備金・剰余金の資本組入②資本の払戻③自己株式の取得などがあげられる。

3）法2⑱。

4）法令91①。加算項目としては，①所得の金額②当該法人を合併法人とする適格合併により被合併法人から引継ぎを受ける利益積立金額③当該法人を分割承継法人とする適格分割型分割により分割法人から引継ぎを受ける利益積立金額④適格現物分配に係る現物分配法人から交付を受けた資産のその適格現物分配直前の帳簿価額相当額⑤資本または出資を有する法人が資本または出資を有しないこととなった場合の有しないこととなった時の直前の資本金等の額に相当する金額⑥連結法人が有する他の連結法人の株式等につき譲渡等修正事由が生ずる場合の株式等の帳簿価額修正額⑦完全支配関係子法人の株式または出資について寄附修正事由が生ずる場合のその受贈益の額に，その寄附修正事由に係る持分割合を乗じて計算した金額から，その寄附金の額にその寄附修正事由に係る持分割合を乗じて計算した金額を減算した金額があげられる。また，減算項目としては，①剰余金の配当，利益の配当，剰余金の分配または資産流動化法上の中間配当として株主等に交付する金銭の額および金銭以外の資産の価額の合計額（みなし配当の金額を除く）②非てきかく分割型分割に係る分割法人がその分割法人の株主等に交付した金銭等の合計額から分割資本金等の額を減算した金額③分割法人が適格分割型分割により分割承継法人に引継ぐ利益積立金額④資本の払戻等により交付した金銭等の合計額が減資資本金額を超える場合のその超過額⑤自己株式の取得等により交付した金銭等の合計額が取得資本金額を超える場合のその超過額があげられる。

5）法2二十九。

6）この場合，法人が欠損事業年度に青色申告書である確定申告書を提出し，かつ，その後において連続して確定申告書を提出している場合であって欠損金額発生年度の帳簿書類を保存していることが必要である（法57）。

7）この場合，繰越には，法人が災害損失発生年度において，その損失額の計算に関する明細を記載した確定申告書を提出し，かつ，その後において連続して確定申告書を提出している場合であり，災害損失発生年度の帳簿書類を保存していることが必要である（法58）。

8）法80①。

9）欠損金の繰戻による還付を受けるためには①還付所得事業年度から欠損事業年度まで連続して青色申告書を提出していること。②欠損事業年度の青色確定申告書を申告期限内に提出していること③所定の事項を記載した還付請求書を提出することが必要とされる（法81③⑤）。中小企業者等以外の法人の欠損金繰戻による還付は現在，摘要が中止されている。なお中小企業等については，欠損金繰戻の規定が適用されるが，資本金の額が5億円以上の法人による完全支配関係にある中小法人については現在，欠損金の繰戻は適用されない。

参考文献

石黒秀明「租税原則と租税正義に関する一考察」『上武大学ビジネス情報学部紀要』第11巻
　　第 1 号，2012年，pp.1-30。

井上良二編『新版財務会計論　改訂版』税務経理協会，2014年。

大倉雄次郎『税務会計論　新会計基準対応』森山書店，2009年。

孔　炳龍・高野　一『全経法人税法 3 級テキスト』デザインエッグ社，2019年。

桜井久勝『財務会計講義　第19版』中央経済社，2018年。

桜井久勝・須田一幸『財務会計・入門　第 7 版』有斐閣，2010年。

Smith, A. *Thr Wealth of Nation, Books IV-V*, Penguin Books, 1999.

高野一・孔炳龍『法人税法概論　法的ロジックと税務情報』創成社，2022年

中田信正『税務会計要論　第 2 版』同文舘出版，2015年。

成道秀雄『新版　税務会計論』中央経済社，2007年。

日本公認会計士協会編『決算開示トレンド　平成19年度版』中央経済社，2007年。

Musgrave, Richard A.『政財学―理論・制度・政治―』有斐閣，1983年。

山地範明『会計制度　第 5 版』同文舘出版，2011年。

Wagner, R. E., Buchanan, J. M.『赤字財政の政治経済学：ケインズの政治的遺産』文眞堂，
　　1979年。

索　引

タ

ナ

ハ

《著者略歴》

孔　炳龍（Kong Byeong Yong）
1964年　東京都杉並区生まれ
1987年　中央大学商学部会計学科卒業
1987年　中央大学大学院商学研究科博士前期課程入学
1993年　中央大学大学院商学研究科博士後期課程満期退学
1993年　小樽女子短期大学経営実務科専任講師
1999年　小樽短期大学（大学名変更）経営実務科助教授
2004年　駿河台大学経済学部助教授
2006年　駿河台大学経済学部教授
2009年　博士（会計学・中央大学）
2013年　駿河台大学経済経営学部教授
　　　　韓国延世大学校経営大学客員教授（2013年8月～2014年3月）

主要著書等

『メンタルアカウンティング　心の会計』青山社，2024年
『財務諸表開示行動と投資者心理』創成社，2023年
『ファーストステップ簿記3級問題集』創成社，2023年
『法人税法概論　法的ロジックと税務情報』（共著）創成社，2022年
『時価会計論　2つの時価会計』創成社，2021年
『会計情報と簿記原埋』創成社，2020年
『一般意味論からみる簿記原理』創成社，2014年
『経営者利益予測情報論－包括利益の有用性について－』森山書店，2008年
『新版　財務会計論』（共著）税務経理協会，2013年

（検印省略）

2024年4月20日　初版発行　　　　　　　　　　　　　　略称―企業

企業と税
―法人税法と会計―

著　者　孔　　炳　龍

発行者　塚　田　尚　寛

発行所　東京都文京区　　　**株式会社　創 成 社**
　　　　春日2-13-1
　　　　電　話　03（3868）3867　　ＦＡＸ　03（5802）6802
　　　　出版部　03（3868）3857　　振　替　00150-9-191261
　　　　http://www.books-sosei.com

定価はカバーに表示してあります。

———————— 簿記・会計学選書 ————————

企　業　と　税 — 法 人 税 法 と 会 計 —	孔　　炳　　龍　　著	2,200 円
財 務 諸 表 開 示 行 動 と 投 資 者 心 理	孔　　炳　　龍　　著	2,300 円
法　人　税　法　概　論 — 法 的 ロ ジ ッ ク と 税 務 情 報 —	渡　辺　　　充　監修 高野　一・孔 炳龍　著	2,600 円
時　価　会　計　論 — 2 つ の 時 価 会 計 —	孔　　炳　　龍　　著	2,700 円
会 計 情 報 と 簿 記 原 理	孔　　炳　　龍　　著	2,400 円
企　業　簿　記　論	中　島　真　澄 高　橋　円　香　著 柴　野　宏　行	2,300 円
ニ ュ ー ス テ ッ プ ア ッ プ 簿 記	大　野　智　弘　編著	2,700 円
基礎から学ぶアカウンティング入門	古　賀・遠　藤 片　桐・田　代　著 松　脇	2,600 円
会 計・フ ァ イ ナ ン ス の 基 礎・基 本	島　本・片　上 粂　井・引　地　著 藤　原	2,500 円
学　部　生　の　た　め　の 企　業　分　析　テ　キ　ス　ト — 業 界・経 営・財 務 分 析 の 基 本 —	髙　橋　　　聡 福　川　裕　徳　編著 三　浦　　　敬	3,200 円
日 本 簿 記 学 説 の 歴 史 探 訪	上　野　清　貴　編著	3,000 円
全 国 経 理 教 育 協 会 公式 簿記会計仕訳ハンドブック	上　野　清　貴 吉　田　智　也　編著	1,200 円
管 理 会 計 っ て 何 だ ろ う — 町のパン屋さんからトヨタまで—	香　取　　　徹　著	1,900 円
原 価 会 計 の 基 礎 と 応 用	望　月　恒　男 細　海　昌一郎　編著	3,600 円
工 業 簿 記・原 価 計 算 の 解 法	中　島　洋　行 薄　井　浩　信　著	2,500 円
コ ン ピ ュ ー タ 会 計 基 礎	河　合・櫻　井 成　田・堀　内　著	1,900 円
ゼ　ミ　ナ　ー　ル　監　査　論	山　本　貴　啓　著	3,200 円

（本体価格）

———————— 創　成　社 ————————